揭秘兒童大腦發展規律，
用腦科學遊戲讓孩子學習有效率，
養成好品格和生活好習慣

心理學家爸爸親身實證的注意力教養法

英國約克大學心理學博士
黃揚名／著

PART 1 你真的了解注意力嗎？

PART 2 如何提升孩子的注意力？——玩玩小遊戲，促進注意力

PART 3

最讓家長頭疼的注意力問題與解決之道

〔推薦序〕

掌握注意力，教養更輕鬆

前新北市教育局國民教育輔導團研究員
莒光國小退休教師　林瑜一

你的小孩上課不專心嗎？

寫功課老是拖拉延宕嗎？

整理物品或對於師長的叮嚀總是丟三落四嗎？

這些與注意力有關的問題，總是困擾著許多老師和家長們。很開心揚名老師撰寫的《心理學家爸爸親身實證的注意力教養法》一書終於要和大家見面了，相信對於正受到孩子注意力問題困擾的教師及家長們，會有很大的幫助！

認識揚名老師將近十年，會結緣是因為我的博士論文是探討有關「注意力」的主題，而同時我也組織了一個教師專業學習社群，探討腦知識在教學中的應用，因此有機會邀請揚名老師蒞臨指導，逐漸成為好朋友。

在這些探究歷程中，我發現學習科學的發展日新月異，老師和家長們想要幫助孩子做更有效、更適性的學習，實在不應忽視對這些認知心理學或認知科學的了解。但一般老師或家長要吸收這些新知並不容易，許多新發現大多發表在各類西文期刊中，必須克服語言及專業名詞的困難。當時我有跟揚名老師分享這樣的心情，而在那之後，我發現他已經開始在部落格撰寫一些科普文章了。

他就是這樣一位熱心、有能力又有行動力的人。我相信他的日常也會有教學與研究上的壓力，但令人感佩的是，他更願意花一些時間投入科普知識的介紹來幫助大家。他師承工作記憶模型之父艾倫．巴德利，以及以情緒相關研究著名的麗莎．費爾德曼．巴雷特，在學術上絕對是令人稱羨的「富二代」。但是，他卻不願意讓學術成為高不可攀的巨塔，他認為這些有用的知識，應該讓更多的爸媽或是老師知道並且應用，以減少他們在教學或教養上面的困擾。

因此，過去幾年揚名老師透過部落格或FB持續進行科普文章的發表，除了介紹心理學方面的新知外，也撰寫閱讀後的評析，對於坊間流傳的一些資訊，他也會提醒大家哪些是正確的，而哪些可能是斷章取義的迷思。

揚名老師自己有兩個可愛的寶貝，平時也是親力親為的超級奶爸，因此《心理學家爸爸親身實證的注意力教養法》一書，應該是在揚名老師樂意將教養小孩心得分享給大家的心情下醞釀而來的吧！

這本書以深入淺出的方式，結合了他與孩子互動經驗的生動描述做為例證，介紹近年有關注意力的重要觀點，包括：注意力是什麼？如何提升孩子的專注力？以及遇到令人頭疼的注意力問題該怎麼辦？書中並且提供許多具體易操作的方法和建議，可做為教師及家長們的教養參考。

〔推薦序〕

敞開心，發現孩子的優勢

媽媽互助社群「小村子」創辦人 高雅雪

當父母是一項修練，
要練技術、提升配備、練身、練心，
我們無法選擇戰場，只能練習在各種不利的環境中，
安定自己的心，從容出征！

當媽媽至今十一年，我陪伴四個孩子長大，其中有男有女、有單胞有雙胞胎，甚至也跨入母嬰產業近四個年頭，陪伴上千位媽媽走在育兒成長的路上。在幽暗困頓之時，最能療癒我的是繪本文學；遇到各種疑難雜症瓶頸時，從醫學、科學尋求解答，從根本原因去認識理解，我相信每個人的「出廠設定」有其獨特之處。再者，就是調整自己，

一顆平穩安在的媽媽心，才能應對孩子的各種狀態。

去年在小村子的親子活動中認識了揚名把拔，他以地方爸爸一打二的姿態，混在媽媽寶寶瘋狂的野地玩耍中，一切都是那麼自然而然。他又開放又仔細照料，又隨興又客製化尊重滿足兩兄弟不同需求，我們看到一個超細膩可愛的頑童老爸。啊！原來他是個科學老爸——研究心理學、腦科學的老爸。他將自己所學的理論，搭配觀察與實作，都點點滴滴記錄下來，成就了這本書。

隨著孩子學習上的挫折和特殊狀況，引領我更謙卑的認識造物者的偉大、人體構造的細微奇妙，四個孩子是現代科學評估下所謂的「學習障礙」，於是，我更深入去了解這些特殊狀況與身體上、發展上的關聯，以及最重要的——我選擇如何看待與陪伴孩子面對這些狀況。

揚名把拔的這本書，以深入淺出的方式，讓我們認識腦的運作，如何產生注意力的變化，以及對學習、社交、情緒上的影響。另外還介紹許多生活上的陪玩遊戲，都可以幫助我們調整孩子的注意力。

我們不必焦慮地時時檢視自己和孩子，但當我們覺得困惑與挫折時，這會是一本實用的生活科學參考書，讓我們能更敞開心，多面相認識「注意力」，發現孩子的優勢。尤其是〈教養便利帖〉中揚名把拔的心內話，總是不吝於分享真實教養情況下的腦內OS，拉回現實，調整自己的心啊！

射手無法選擇戰場，
當我們裝備好自己所有技能，
最重要的是自己的心。

〔推薦序〕

科學育兒讓孩子變得更好

北京大學心理與認知科學學院教授
魏坤琳

臺灣的朋友大家好，我是北京大學心理與認知科學學院教授魏坤琳，你們可能是從電視節目《最強大腦》中以Dr. 魏的形象認識了我。其實，我在大陸還有另一個重要的身分，就是科學早教機構愛貝睿的共同創辦人。身為一位腦科學研究者，我深深感受到腦科學對人類行為的影響，在孩子出生後，我更覺得有一種使命感，要用腦科學來協助爸爸媽媽育兒，而不被互聯網上諸多偽科學的資訊所誤導。

您手中這本書的作者黃揚名教授，來自於臺灣輔仁大學心理學系，也是我在愛貝睿的同事，我們已經一起奮鬥了三年。在這段過程中，揚名製作了好幾門優質的育兒課程，包含學習力、數學啟蒙，以及在喜馬拉雅平台上廣受歡迎的音訊課程——「天才贏在注意力」。除此之外，揚名還多次在大陸不同平台開設了公開課程，都受到家長們廣大的迴響。

我覺得揚名老師的可貴之處，就是能夠把複雜的理論，解釋得很清楚，並且以很淺白的方式告訴爸爸媽媽，要如何來協助孩子變得更好。

就舉個例子來說，到底注意力和專注力有什麼不同，我想這是很多爸爸媽媽搞不清楚的。揚名在書中很清楚的界定了專注力是什麼，以及和注意力的差別，也點出了很多爸爸媽媽以為的注意力問題，可能不單單是注意力方面的問題，也可能孩子在認知或者情緒等其他方面出了問題。

我認識很多科學家，但能把科普做得如此出色的並不多。聽到揚名的注意力育兒書也要在臺灣出版，我非常地開心。因為我知道揚名的心中一直有個小遺憾：在大陸傳播科學育兒知識這麼多年，還參與了愛貝睿未來腦計畫的開發，但是這些年努力的成果並沒有讓臺灣的爸爸媽媽接觸到。這次透過書籍的出版，第一次讓臺灣的爸爸媽媽可以認識揚名老師這位科學奶爸，也是一大幸事。

這本書和一般注意力書籍或者育兒書籍有一個明顯的不同，就是理論與實踐並重。

我知道很多的注意力育兒書籍，基本上是各種遊戲的操作手冊，試圖透過紙上活動的方式，來提升孩子的注意力。這樣的做法沒有不好，但是效率不佳，而且不能夠對症下藥。揚名介紹理論的方式，跟教科書是完全不同的，非常容易理解，我就知道很多爸爸媽媽在讀這本書的時候，都是一氣呵成讀完的，我想這就是最好的證明。

我非常認同揚名在書中先介紹了注意力的運作機制，然後告訴你要怎麼在實際操作中應對孩子注意力的缺失，並規劃適合孩子的介入方案。這些介入方案都非常容易操作，而且揚名還很貼心的把介入方案做了多層次的規劃，可以適用在不同年齡層、注意力水準不同的孩子身上。我還看到了繁體中文版中，針對遊戲部分有更細緻的分類與介紹，的確是用心之作。

我相信這本書，能夠讓你更了解孩子的注意力，也更清楚知道孩子到底是不是注意力有問題，以及要怎麼讓孩子的注意力有所提升。也希望未來，我和揚名開發的一些產品，都能夠在臺灣跟大家見面，讓更多爸爸媽媽可以跟我們一起科學育兒。

〔前言〕

收放自如是最好的注意力

黄揚名

和注意力結緣是在進入研究所之後，當時我碩士班指導老師是臺大心理系的葉怡玉教授，她是研究注意力運作機制的專家，後來雖然碩士班研究沒有針對注意力做探討，但耳濡目染之下，對於注意力的運作有了啟蒙的認識。

博士班的階段，因為研究主題就是注意力的運作機制，把注意力的運作搞得相當清晰，甚至到了有點走火入魔的境界。當年我做的研究是探討注意力的持續性，簡單來說我的研究發現了當人們的注意力被一個東西吸引過去之後，會有一段時間沒有辦法注意其他的東西，而且不同的東西能抓住人們注意力的時間長短是不同的。

這樣的發現，除了讓我拿到博士學位之外，也對我自己有著深遠的意義，因為過去我一直覺得要長時間持續集中注意力，才能有最好的表現。但是，自己的研究結果發現，專注後，會有一段時間是沒辦法專注的。

那麼，在生活中，就該有收有放，因為在一個持續緊繃的狀態，表現不會是最好的。

我深刻覺得注意力實在太重要了！絕對不只是因為我的研究主題是注意力的運作機制，而是注意力根本主宰著我們的人生。這可不是開玩笑，你想想看，如果你的伴侶換了髮型，結果你看到她，第一句話沒有提到髮型很好看，你的日子恐怕不會太好過。在學習上，注意力的影響更是深遠，如果你沒有辦法在學習的時候集中注意力，學習成效會很差，而且也會很有挫折感。

我相信很多人，特別是做爸爸媽媽的，對於注意力的關注，是來自對注意力不足過動症的關注。爸爸媽媽都很容易焦慮，擔心自己的孩子是不是有什麼發展上的障礙；如果周遭的三姑六婆又常幫孩子貼標籤，你心裡要不擔心都很困難。

雖然從客觀的數據來看，注意力不足過動症的孩子確實越來越多，但是，這其中很大的原因並不是有注意力不足過動症的孩子變多了，而是有比較多的家長和老師讓孩子接受注意力不足過動症的檢測！你自己回想看看，你小的時候，爸爸媽媽或是老師有帶你去做注意力不足過動症篩檢嗎？以前班上若有同學真的有注意力不足過動症，老師大概會覺得他就是個不愛學習的壞孩子，不會去想他是因為注意力的發展上有狀況，所以會在課堂中不安分。

但並不是只有孩子才會有注意力不足過動症；而就算沒有注意力不足過動症，也不表示你對於自己的注意力有全盤的掌握。注意力如同其他的心智能力，都是有一定的限制，而且有所謂的個別差異。所以，每個人都該去認識自己的注意力運作有哪些特性，以及有哪些限制。

以我自己為例，雖然我自認是一個很能夠集中注意力的人，但我也知道自己有一些缺陷，就是很容易視而不見。有朋友則是和我完全相反，他雖然常會受到事物的干擾，但他很容易察覺環境的風吹草動。知道自己有所侷限是好的，因為我們才能思考要怎麼調整：面對能夠透過訓練改善的，就想辦法做訓練；而那些沒辦法改善的，就想要用什麼補救措施。

基於這些原因，我寫了這本書，希望幫助爸爸媽媽們更了解孩子注意力的發展，同時也可以檢視自己是否有哪些注意力的缺失。在搞清楚有哪些不足後，大家肯定是會焦慮的。所以，這本書不僅要幫助你認識注意力是什麼，更重要的是，我要告訴你可以用哪些方式來提升注意力的運作。書中提到的很多方法，都是經過我們家老大、老二的實證認證的。你沒有看錯，我們家孩子也是有注意力缺失的問題，或許還沒有到注意力不足過動症的狀況，但也是有進步的空間。我很高興可以跟大家分享這些點滴，從怎麼分析孩子的問題在哪，到要怎麼對症下藥。

希望這本書對你及孩子能夠有幫助，讓你們都可以成為更好的自己。

※ 掃描 QR Code
下載遊戲素材包

PART 1

你真的了解注意力嗎？

第一章：何謂注意力？

不用我說，爸爸媽媽也都知道注意力很重要。在大家心目中，集中注意力就是做事更有效率、學習成績優秀；注意力不集中就是在課堂上走神，或老是做些小動作。回家做作業，一會兒要找東西吃，一會兒要抱抱寵物，結果作業根本沒有寫完，還把玩具弄得一團亂，就連玩遊戲也是三分鐘熱度，新買的玩具玩沒多久就扔下，吃飯吃幾口就跑來跑去，睡覺時磨磨蹭蹭滾來滾去不肯睡……

我相信不少爸爸媽媽都經歷過這樣的過程，應該也已經在網路上搜尋很多資訊，或者四處求問朋友：怎麼辦，怎樣讓孩子更專心？如何提高孩子注意力？

在這裡，我們要先理清楚一個概念：我們希望可以提升孩子的注意力，希望孩子更專心，到底是怎麼一回事？——我先給大家幾個選項，請挑挑看，哪些狀況是「注意力不足」的表現，在心裡默默打勾就好。

第一種情況：在遊樂園玩，跑來跑去，卻沒注意到前方有碎玻璃，踩著受傷了；
第二種情況：讀繪本的時候，已經講到下一頁了，還是盯著前一頁的圖看；
第三種情況：寫作業的時候，聽到有人按門鈴，立刻衝過去開門。

其實以上皆是注意力不足的狀況。

這可不是我隨便說說的。美國知名心理學家麥可・波斯納（Michael Posner），在二〇世紀最偉大的心理學家中排第五十六位，也是一位長年研究「注意力」這個課題的心理學家，他根據多年研究經驗把人的「注意力」分為三種：**警覺**、**注意力的轉移**，以及**衝突的排解**[1]。

[1] 原始的文章中是使用 alert, orient, executive 這三個詞彙，但考量 executive 若直接翻譯為執行功能，會造成混淆，因為實際上波斯納定義的執行功能比較侷限，指的是對於干擾訊息的抑制，因此把第三種注意力命名為「衝突的排解」，以促進理解。

在對岸有個電視節目叫《最強大腦》，裡面常常會有一些奇人異士，有一次來了一位很厲害的選手，被粉絲暱稱為「水哥」，他可以觀察幾百杯水，然後找出被選中的那一杯，超厲害。你有沒有想過，他為什麼會這麼厲害呢？除了天賦異稟，擁有超凡的視覺能力之外，「注意力」也是一個很重要的原因：他可以做到既能排除現場干擾、高度專注地進行觀察，同時迅速察覺出每一杯水的不同，然後自由地將專注力轉移到下一杯水，所以，他可以留意到很多別人沒有看到的細節。

在仔細介紹注意力的三種分類之前，我要先幫大家釐清一個觀念：**注意力和專注力是不同的。**

雖然很多時候這兩個詞彙常被混著用，但專注力的範圍是比較狹窄的，指人們把精力聚焦在一個事物上；而注意力則包含**要察覺有事物是需要被關注的，然後把注意力的焦點轉移到這個事物上，並且針對這個事物去做處理。**

我們很多時候認為孩子是不專心，但事實上孩子的問題核心並不是出在無法專心，而是在更前期的問題，像是沒有辦法察覺哪些是需要集中注意力處理的，哪些又是可以被忽略的無關訊息。

這樣的狀況，在年紀越小的孩子身上越明顯。你就想像自己去國外旅遊，走在路上有人發了一張傳單給你，你是不是最容易被大大的字體和照片吸引，但實際上那些都不是重要的內容。如果我們只從最後的結果來評估孩子的表現，很自然會覺得他一定是不專心，所以沒有把需要處理的訊息做處理。但實際上孩子根本不知道哪些是重要的，哪些又是不重要的，光是判斷的過程，就耗費了很多時間、精力，自然沒有足夠時間去處理重要的訊息。

那麼，我們就來介紹注意力的三個不同面向吧！

警覺是什麼？

警覺，也就是要隨時偵測到資訊。像前面所列的第一種情況，沒注意到地上有玻璃碎片，就是不夠警覺。

你可能會說：「等等，那要怎麼樣才算集中注意力？」事實上，心理學中注意力的原文是attention，有「專注、參與」的意思，就是要隨時偵測到資訊，否則就會無法留意一些突發的危險。例如，我們常常叮囑孩子走路要專注，其實就是提醒他要警覺，如果聽到喇叭聲，看到附近有車過來，就要立即閃避，否則會被撞到。

警覺有什麼重要呢？有的，跟大家講個很慘的故事——

有一天晚上，我倒牛奶給我家老二喝，但是他沒有喝完，我太太就把杯子放在廚房流理台上。睡前我剛好去廚房拿東西，看到牛奶沒喝完就直接拿起來喝，喝的過程感覺有點怪怪的，但我不疑有他，整杯喝光，就到床上講故事給兩個小孩聽。

看見太太走進房間，我跟她說剛才喝牛奶覺得有點怪，其實我只是隨口一提，也沒想要她回應什麼。結果她說：「那杯牛奶裡面有一塊樂高！」

這下子我一整個不知道該怎麼反應，我竟然不知不覺地吞下一個樂高積木！

當時雖然沒有特別不舒服，我還是到醫院掛了急診，醫生說：「先生，你那個積木用X光也照不出來，過幾天就會排掉了，不過你既然都來了，還是照一下X光，我也好對你有個交代。」就這樣，我跟樂高積木相處了幾天，也不知道它哪天跟我道別的。

我後來想為什麼會有這樣的事情發生，第一就是我比較粗心，其次跟我做事情注意力非常集中有關係。當我全神貫注的時候，雖然可以不受外在環境影響，但也因此讓我不夠警覺，無法察覺環境中突發的變化。我就曾發生過好幾次對朋友視若無睹，明明是要去找那位朋友，結果面對面擦身而過，對方都已經看到我了，我卻完全沒有察覺。有一次還特別尷尬，連自己太太都沒看到……真是太囧了，還好當時沒有其他美女在我的視線範圍內，不然我就很難跟太太交代了。

注意力的轉移是什麼？

注意力的轉移，也就是能屈能伸，可以在兩個需要注意的事物間自由轉移注意力。

比如前面提到的例子，讀繪本時，爸爸媽媽已經念到下一頁了，孩子卻還是專注在前一頁的圖片上——雖然都有點「需要立刻反應」的意思，但轉移和警覺是不太一樣的，因為警覺強調的是察覺突發的改變，而轉移更強調的是：把注意力從原本專注的事物上，轉移到另一個需要專注的事物上。

這個能力對生活也是相當重要的，你想想看，如果有一天你到新開幕的超市要買醬油，首先你必須找到哪一區是陳列調味料的，在這個過程中，如果分類指示牌顯示這一區不是調味料，你就應該快速跳過，把視線移到下一個指示牌，直到你找到調味料在哪一區。

接著在調味料那區，你要找到醬油放在什麼位置，只要眼前看到的東西不是醬油，你就應該要換一個位置。以上所描述的過程，如果不能正常運作，你可能就無法很有效率的買到醬油了。

再舉個例子吧！九〇年代英國高速公路旁出現了許多「維多莉亞的秘密（Victoria's Secret）女性內衣」廣告看板，由於多數的駕駛是男性，都很容易被性感的女性吸引，所以這類型看板的出現，導致當時高速公路上交通事故頻傳。原因沒有別的，就是因為駕駛的注意力沒有及時從那些看板移轉到路況上，結果就釀禍了。

我們現在所處的環境，實在太多吸眼球的刺激了，像是會發出聲音的廣告看板，或是手機通知資訊等，這些刺激都會導致我們的注意力轉移到它們上面。如果我們無法快速把注意力轉移回原本在執行的任務上，就會造成很多的麻煩。

衝突的排解是什麼？

衝突的排解，指的就是當環境中有很多資訊在競爭時，我們選擇該注意什麼，以及抑制對其他項目的處理。我們最常抱怨的「孩子學習時注意力不集中」，就是像第三種情況那樣，沒辦法排除玩具、寵物或其他環境變化的干擾，而無法完全專注到他應該專注的學習上。

這些衝突有些可能是外在的，像是其他人大聲講話、播放音樂，或是在專心工作的時候，突然聞到很想吃的食物味道；衝突也可能是內在的，例如連續假期前最後一個上班日，你可能會不由自主地想著放假期間要去哪裡旅行、做哪些事情等等。

衝突的排解其實是一個複雜的歷程——首先我們需要決定哪一件事情是我們主要需要關注的，第二個步驟才是去排除其他的干擾。對於孩子來說，很多的困擾可能是來自於第一階段，也就是他們無法判斷或是不願意判斷哪件事情是他們需要關注的。

想想看，如果有米其林等級的美食和一碗白飯同時放在你前面，你會選擇哪一個？對孩子來說，寵物、玩具就是那米其林等級的美食，而作業或是收拾玩具等就是那一碗白飯，所以也不一定是孩子不能排除干擾，而是他們選擇要注意的事情，是成年人覺得他們不應該注意的事情。

另外，也有些干擾是內在的，有的孩子可能因為一些特殊狀況，造成他們腦中有不正常的放電干擾，導致他們無法集中注意力。

集中注意力就夠了嗎？

在介紹注意力的三個類型之後，相信你會開始有點懷疑，我們真的希望孩子能夠集中注意力嗎？其實一般我們所講的「集中注意力」，是特別針對「衝突的排解」來說的，我們希望孩子能夠不去理會不該注意的東西，而把自己的注意力放在該注意的事物。

但是，這樣就足夠了嗎？

當然是不夠的。

首先，你想想看，如果你叫孩子去念書，結果他看起來是在念書，但實際上根本沒有把心思放在書上，而是在想著明天放假要去哪玩，這樣到底算不算集中注意力了？孩子確實看似很集中注意力，但卻是擺在你不希望他注意的事情上。此外，衝突的排解只是注意力其中一個要素，甚至是一個比較不像「注意力」的要素。

為什麼會這樣說呢？因為注意力的本質，還是在於要找到需要注意的東西，**警覺和注意力的轉移，事實上都和注意力的核心運作比較有關係。**

在學術研究中，注意力研究最常使用的實驗範式是視覺搜尋（visual search）和點促發（dot priming）：

視覺搜尋實驗典範

「視覺搜尋」關注的就是在一群物品中，人們能夠多有效率地找到目標物，或是判斷目標物有沒有出現。最經典做法就是在螢幕上出現很多綠色圓球，有些時候會隨機出現一個紅色圓球，實驗參與者要做的就是判斷紅色球有沒有出現。

一般來說，由於紅球在一堆綠球中非常顯眼，我們能夠很快速地去做判斷。但是，如果今天畫面上有很多不同顏色的球，要判斷有沒有紅色圓球出現就沒有那麼簡單了（見圖 1-1）。

像這樣能夠快速找到東西的能力，是多數注意力研究關注的議題，而這也比較接近「警覺」，就是要快速察覺環境中是否有需要關注的物品。

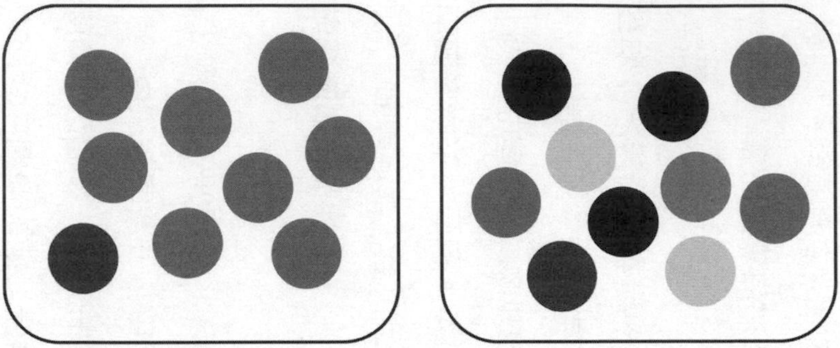

圖 1-1　雖然左邊和右邊的框框內都有出現紅色圓球，但是實驗參與者在判斷的時候，左邊的情況會快很多。另外，當沒有紅色圓球在框內時，實驗參與者需要更長的時間做判斷，因為他們必須要完整的搜尋，確認真的沒有紅色圓球。

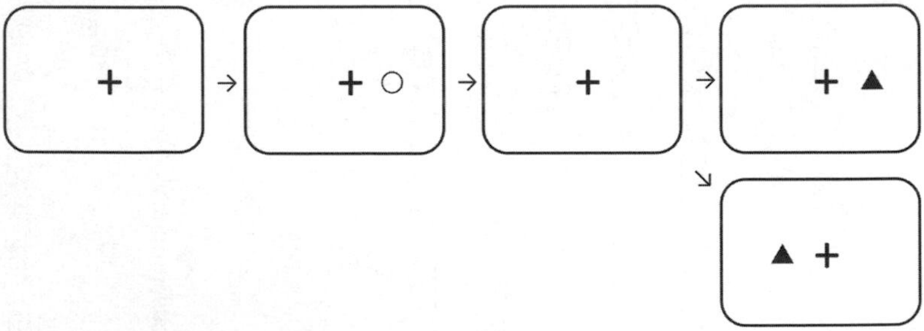

圖 1-2　實驗參與者要判斷黑色三角形出現在十字的左邊還是右邊，但是在三角形出現之前，會先有一個圓形出現。如果三角形和圓形在同一邊（上面的情況），相較於出現在不同邊（下面的情況），實驗參與者的反應時間會比較短。

點促發實驗典範

至於「點促發」這個範式，一般是要求實驗參與者要判斷一個特定的刺激出現在螢幕的左邊還是右邊。當然任務沒有那麼簡單，在這個特定的刺激出現之前，會有一個東西出現在螢幕的左邊或右邊（見圖1-2）。因為人類非常容易被突然出現的東西吸引，即使知道那不是我們該留意的，還是會不由自主地把視線移轉到那個東西所在位置。

過去的研究發現，當兩個東西出現在同一位置時，所需要的反應時間會比較短；但是如果兩個東西出現在不同位置，所需要的反應時間會比較長。如果一個人注意力移轉的能力好，那麼不管非目標出現在哪個位置，反應時間不會有太大的差異。這就是「注意力的轉移」，也就是要能夠適時把注意力移轉到需要注意的事物上。

當然，這並不是說衝突的排解不重要，而是我們往往忽略了注意力其他要素的影響，而一味的認為孩子只要有好的衝突排解能力，他的注意力運作就是正常、沒有問題的。事實上，我們多數時候是錯怪孩子了，根本就不該說他們注意力不足，說他們衝突排解能力不佳，或許還更合適一些。

那麼，孩子有可能在警覺、注意力的轉移以及衝突的排解上都有很好的表現嗎？

當然是有可能的。

過去的研究就發現警覺能力的提升，也會提升衝突排解的能力。但是，衝突排解能力的提升對於警覺能力有不好的影響，就像我前面提到自身的例子，因為太過於專注在需要注意的事情，反而沒辦法察覺一些突發的狀況。

專欄．Column

注意力與大腦的關係

先給大家一個大框架：注意力最核心的功用就是要能夠專注，而要專注這件事情和大腦額葉（frontal lobe）以及頂葉（parietal lobe）之間的連結網路是最有關聯性的❷。（請參考下面圖1-3這張大腦四葉分布示意圖）

接著，我們來細談有哪些腦神經的運作和警覺、注意力的轉移與衝突的排解有關係：

❷ 這個部分僅針對比較常被提及的腦部區域進行介紹，實際與注意力有關係的腦部區域，範圍相當廣泛。

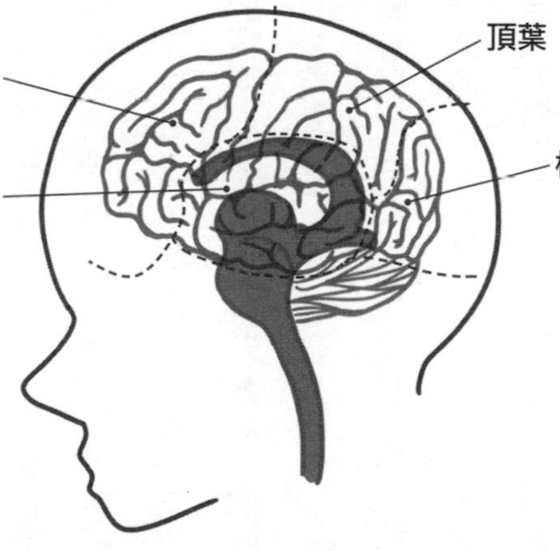

圖 1-3 大腦四葉分布示意圖

專欄・Column

與警覺有關係的腦部區域

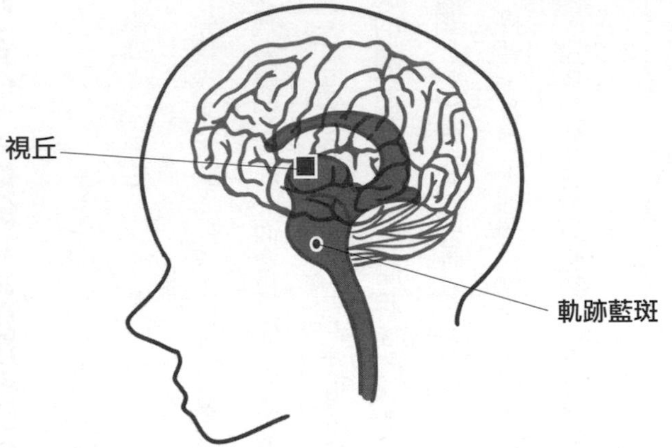

圖 1-4　跟警覺有關係的腦部區域示意圖

警覺和神經傳導物質的調節運作關係密切，因為一個人要能夠警覺並且有所反應，就是要從一個平靜的狀態，轉變為一個啟動的狀態，過程和去甲腎上腺素（norepinephrine）的運作網路直接相關。在大腦中，軌跡藍斑（locus coeruleus）這個區域負責調控去甲腎上腺素的釋放，也是和警覺最有關聯性的腦神經結構。（見圖 1-4）

軌跡藍斑在孩子出生後幾週內就能夠運作，一方面反映了警覺是與生存高度相關的能力，另一方面也反映警覺能力屬於比較基本的認知運作，不需要仰賴高層次的大腦皮質。

警覺的運作比較仰賴神經傳導物質調節，相關腦部區域大部分位於皮質下（subcortical），像是視丘（thalamus），所以警覺的運作從出生後就比較穩定，不會再有明顯的發育成長。事實上，研究發現十歲以下的孩子警覺能力相對穩定，而且他們的警覺能力也高於成年人。

為什麼會這樣？關鍵在於警覺的運作比較被動，容易受外界刺激影響，而孩子額葉的發育較慢，比較沒有辦法抑制外界的刺激。換言之，警覺像一把雙面刃，一方面讓人容易察覺環境的變化，同時又讓人易受環境干擾。

與注意力轉移有關係的腦部區域

相較於警覺，注意力的轉移歷程就比較主動，也就是說，個體有意識的決定要把注意力從一個物品移轉到另一個物品上。

當然，有一些注意力的轉移是由強烈的感官刺激所驅動，而非個體主觀去驅動的，像是走在路上聽到救護車的聲音，我們都會不由自主地轉頭看向聲音來源。

這兩種不同的注意力轉移，也跟不同的腦部區域有關係：主動的注意力轉移跟上部頂葉（superior parietal lobe, SPL）和額葉眼動區（frontal eye field, FEF）比較有關聯性，而被動的注意力轉移則與頂葉和顳葉的交界處（temporoparietal junction），還有腹側的額葉（ventrofrontal cortex, VFC）皮層兩個區域額中迴（middle frontal gyrus）和額下迴（inferior frontal gyrus）有關係。（見圖 1-5）

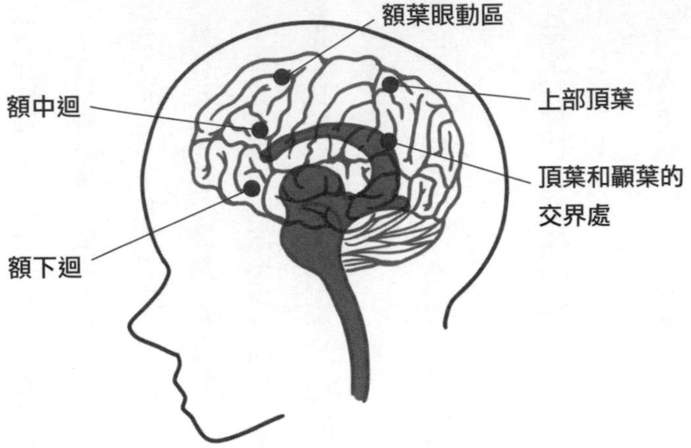

圖 1-5 跟注意力轉移有關係的腦部區域示意圖

波斯納等人針對一群孩子長期追蹤研究，發現兩歲前孩子注意力轉移的能力會逐漸增進，但兩歲後會到達一個穩定的狀態。不過真實生活的情境中，還有太多其他的心智運作在影響孩子，所以孩子注意力轉移的能力並不是在兩歲就達到高峰。有些研究甚至指出，兒童要到五歲以後，注意力轉移的運作才會與成年人接近，而且也會隨著年齡再進步。

另外，注意力轉移的運作，除了受到大腦相關區域發育的影響之外，也受到多巴胺（dopamine）神經傳導物質的影響。多巴胺主要與大腦的彈性運作有關聯，而注意力轉移正是仰賴大腦的彈性運作，因此多巴胺運作異常，也會影響注意力轉移的能力。

與衝突排解有關係的腦部區域

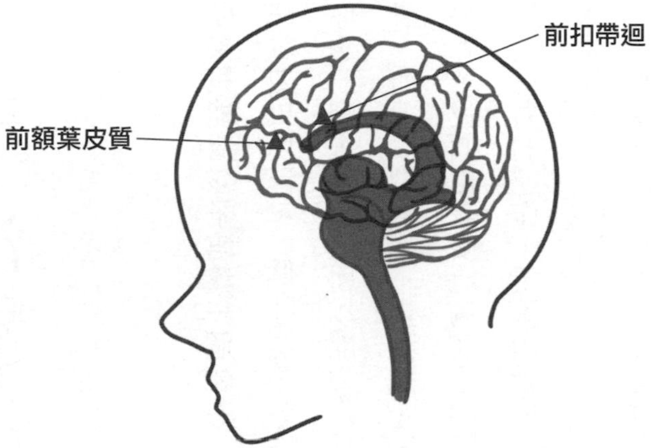

圖 1-6 跟衝突排解有關係的腦部區域示意圖

衝突的排解是三個注意力歷程中主動性最高的，與大腦皮質的關係也最緊密。研究也發現，前扣帶迴皮質（anterior cingulate cortex）這個區域，與衝突排解最有關聯性。此外，這個區域與其他皮質區域的緊密互動，也都和衝突排解的正常運作有關聯。（見圖 1-6）

前扣帶迴皮質，特別是背側（dorsal）的前扣帶迴皮質發育異常，與注意力不足過動症有相當緊密的關係。過去很多研究都發現，注意力不足過動症的孩子，這個腦區的體積較小，腦神經啟動的狀況比較不明顯。

整個大腦額葉在孩子發育過程中都是持續在進行的，一直要到青春期過後才會到達高峰，所以孩子衝突排解的能力也會逐步提升。

第二章：注意力的重要性

如果只能幫孩子培養一個能力，我會告訴大家，你一定要選擇培養孩子的注意力。

因為注意力可以說是一個非常基礎的能力。

你想一想，我們之所以能對外在的環境做出反應，那是因為我們能夠處理這些外在的訊息，而注意力就決定了到底哪些訊息會被處理，哪些又不會被處理。

另外，我們也需要能夠在不同的任務間彈性切換，才能把一件事情做完，這個過程也仰賴注意力的運作，更不用說你必須要排除干擾這件事情了，一個分心的人是沒有辦法把事情做好的。

我再舉幾個例子來跟大家說明注意力的重要性：幾年前的復興航空空難，相信大家都記憶猶新，當時飛安委員會的報告把責任歸咎於駕駛關錯引擎，以至於飛機處在無動力狀態，而駕駛發現時已經太遲了，導致飛機最後墜入淡水河。在這個例子中，駕駛沒有及時察覺自己關錯引擎，所以釀成悲劇。但是，我其實蠻同情駕駛的，因為當時有一個引擎沒辦法正常運作，他的心情一定比較急躁，在那種狀況下，肯定容易分心，更何況飛機的儀表板非常複雜，都增加了駕駛犯錯的可能。

雖然不是每個人都會開飛機，但很多人都會開車或是騎車，過程中只要一不留意就會發生憾事。像是一些事故都是源於駕駛分心了，沒看到前方的車輛，結果就撞上了。美國疾病管制局（Centers for Disease Control）的資料顯示，在美國每天有八個人因為開車的時候分心而死亡，有一千一百六十一人因此受傷。

注意力對於學習的影響深遠

雖然注意力對於人的存活有很大的影響，但我想爸爸媽媽可能最關心的是，到底注意力對於孩子的學習有多重要。

英國曾經做了一個研究，他們長期追蹤一萬多名兒童，結果發現，從孩子七歲時注意力的表現，能夠預測十六歲的時候，也就是上高中時期的學業表現。相較於注意力運作有問題的孩子，注意力正常運作的孩子比較能集中注意力，學業成就也明顯較佳。這些證據都顯示，注意力的好壞，會決定了孩子的學業表現。

注意力影響學習效率

為什麼注意力會對學習造成影響呢？第一個原因是注意力會影響學習的效率。當孩子沒辦法集中注意力，會花更多時間來學習，而且學習成效也比較差。

在心理學研究中屢屢發現，人們同時做兩件事情，效率就會變差，因為我們的注意力系統，本來就不是設計來同時間處理很多事情。

就拿開車講手機為例，過去人們以為邊開車邊講手機，之所以會增加事故發生機率，是因為有一隻手需要拿手機。但後來的研究發現，問題不在於要空出手拿手機，而是需要花心思進行對話。

當孩子一邊學習，一邊分心的時候，就是同時間在做兩件事情，效率肯定不好。除非某些事情運作已經非常自動化，否則同時做兩件事一定不討好。但是，很少事情是真的可以完全自動化，不耗費注意力資源。像是很多人會一邊工作，一邊聽音樂，雖然多數的人都不覺得會影響自己的工作效率，但實際上是會的。

注意力影響學習品質

注意力除了影響學習效率之外，更重要的是會影響到學習品質。所謂學習品質，指的就是對於學習的東西有怎麼樣的處理，以及可以跟既有知識做多少連結。品質好的學習，是對於學習項目有深度的處理，也可以和本來已經學會的知識範疇有所連結。用白話來說，就是學得比較透徹，也就是英文說的 own this knowledge，把學到的東西變成是自己的。

那麼，注意力是怎麼影響學習的品質呢？

首先，當我們能夠把注意力停留在一個物品比較長的一段時間，我們就有可能針對這個物品做比較深層的處理，例如處理到物品的意義層面，而不是只處理到物品的表面層面（顏色或形狀等）。有的時候，要注意的事物有很多細節，如果只是匆匆一瞥，或是短時間掃描過去，很容易就會錯過；或者事物涵蓋的範圍很廣，沒有花多一點時間處理，反而有可能完全搞錯。

另外，當我們越投入的時候，越能夠把要學習的新事物，跟舊有的知識做連結。像是在學習一個新字時，孩子若是很投入，可能就會想知道這個字，是不是那個他曾經聽過的同音字。建立連結對於學習來說是很重要的，因為我們的大腦本來就是用網狀的方式來運作，當知識之間的連結網路越緊密的時候，知識的提取會是越完整的，也就有越好的學習成效。

注意力影響人際關係

另一方面注意力也會影響我們的人際關係。你想想看，如果有一個人每次跟你講話都不看著你，甚至根本沒有認真聽你講話，你會想要跟這樣的人做朋友嗎？

在多數情況下，我們是不會跟這樣的人打交道的，除非這個人和我們有很重大的利害關係。例如，這個人是你的上司，你雖然不喜歡、很怨恨他，但還是必須跟他保有某種關係。還有一種情況，就是這個人心智狀況有點異常，沒辦法和人們有正常的社交關係，但也不是一個壞人，在知情的情況下，大家不至於會排斥和他當朋友。

不過，小孩子就不同了。越小的孩子之間，沒有那麼多人情世故，也沒有那麼多的體諒，只要有小朋友和別人對話心不在焉，很容易就會遭到排擠。一旦被排擠之後，可能自信心會下降，久而久之，就有可能會自卑，甚至透過霸凌其他孩子，來彌補自己心裡的空虛感受。

從另一個角度出發，如果一個人和你講話總是很專心，還會貼心地記下你的生日、吃東西的偏好等等，這個人肯定人緣會很好。不管是大人或小孩都是如此。我們家兩個小孩在這一點都偶有佳作，和爺爺奶奶、外婆一起出門時，他們兩個都會特別留意是不是有人落單了。這樣的小動作，看在長輩的眼中是很溫暖的，這就應證了專注的孩子是會有比較好的人際關係啊！

讓孩子也知道注意力的好處

雖然大家都知道集中注意力對我們是有好處的，但你是不是偶爾也會忍不住在上班時間看臉書或是LINE，或者在主管講話時想著等一下要去吃什麼好吃的？

理由很簡單，因為我們會覺得自己上班都很專注，才走神幾分鐘沒什麼關係。可以這樣說沒有錯，但如果從另一個角度來思考：每天花三分鐘做一件事情，一個月就積累了九〇分鐘，一年積累下來有一〇八〇分鐘，也就是十八個小時。十八個小時可以讓我們做很多事情，像是看九部電影，或是進行一天的小旅行。就好比減重的人，如果一直抱持著「我才多吃一顆糖果又沒關係」的心態，他恐怕永遠沒辦法減重，甚至有可能會越來越胖。

現在很多人都會使用智慧手環、手錶來記錄自己每天走路的步數，不少人過去都沒意識到自己走太少路，但因為有了這樣的穿戴裝置，讓人們可以知道自己每天的活動量是否足夠。我最近也開始認真使用，發現有這些記錄，再加上社群排行榜的雙重影響，自己不知不覺就多走了很多路。

那要怎麼讓孩子可以體會集中注意力的好處呢？有兩件事情是重要的：讓孩子具體感受到集中注意力的好處，以及降低集中注意力的門檻。

讓孩子具體感受到集中注意力的好處

前面提到，如果我們每天只用三分鐘做某件事情，會覺得這三分鐘沒什麼了不起；但是每天三分鐘，一年就是十八個小時，講到有十八個小時，我們就有很多想像的畫面了。但連成年人都沒辦法為了一年後的十八個小時，每天省下三分鐘，我們更不可能期待孩子可以做到。

所以我們需要做一些規劃，甚至加上一些外部的獎賞，讓孩子具體體現集中注意力的好處。

例如，孩子覺得作業多到寫不完，完全沒有動力想要寫作業，這時我們就可以跟孩子說：「如果你集中注意力寫十五分鐘，就可以休息五分鐘，這五分鐘可以做任何你想要做的事情。雖然作業很多，只要累積幾個十五分鐘，其實也就寫完了。」這個時間的設定，要根據孩子的發育狀態，以及練習的經驗來做調整。如果要求一個三歲孩子一開始就要集中注意力三十分鐘做算數，那麼就太為難孩子了。

而除了外部的獎賞之外，我們也可以在孩子玩的時候，或者在他做事情時，故意去打擾他。事後再問問孩子：「你有沒有覺得自己玩得不痛快，或是做事情沒有做好呢？」然後跟他說，這是因為他剛剛沒集中注意力，所以沒有辦法把事情做好。

降低集中注意力的門檻

孩子的大腦發育還不完全，特別是跟集中注意力有關係的腦部區域，所以他們本質上要集中注意力就比較費神。不論大人或小孩，對於費神的事情都很容易打退堂鼓，很多人都把最難的事情放在最後做，就是這個道理。

那麼要如何降低集中注意力的門檻呢？

例如，當我們希望孩子集中注意力時，就不要打擾他們，不要想到什麼事要交代孩子，就喊他們過來。講到這一點，我就有點尷尬了，因為我常會打擾老大寫作業，只因為發現他的玩具又沒收好，或是忘了要把餐具拿出來洗。

除了減少外部的干擾，我們也可以透過一些安排，讓孩子能夠提升自己專注的程度。舉例來說，如果要孩子練習寫字，他覺得無聊，自然沒有辦法集中注意力，但只要改變一下，把寫字變成賓果遊戲挑戰，孩子因為想要玩賓果遊戲，就會專心寫字了。這一點在老大身上有很多具體的實踐，像是我們希望他可以記下一些成語，就會跟他玩成語接龍比賽，看看誰先接不上就輸了。透過這樣的方式，老大就會有比較強的動機，自然能夠持續專注較長的一段時間。

心理學家爸爸的教養便利帖

在這邊雖然是以學習為例，但基本上注意力就是會影響我們做任何事情的效率和品質，不僅對孩子的學習會造成影響，對於成年人工作方面影響也是舉足輕重。除此之外，注意力也會影響我們的社交，進而影響我們的情緒，而這些都會對我們的生活品質造成威脅。所以，維持注意力的良好運作，是所有人都應該要做的。

專欄・Column

該什麼時候提升孩子的注意力

有些爸爸媽媽針對注意力不足過動症這件事情特別焦慮，在孩子還沒滿週歲就開始疑神疑鬼，覺得孩子肯定是注意力發育有問題，否則怎麼會玩玩具都是三分鐘熱度。特別是這些爸爸媽媽如果本身也有注意力缺失的狀況，他們就會更加焦慮，深怕孩子跟自己一樣，很著急的要去幫孩子提升注意力，就怕耽誤了孩子的美好前程。

我要很慎重的告訴大家，在孩子四歲前，請不要隨便幫孩子貼上注意力不足過動症的標籤，因為根據美國小兒科學會（American Academy of Pediatrics）的建議，他們認為要在孩子滿四歲之後，才適合去做注意力不足過動症的評估。原因在於孩子四歲之前，注意力發育狀態差異性大，不適合隨意的去做評估。

雖然在孩子四歲前注意力發展變異大，但並不表示這時候我們什麼事情都不用做；事實上，**培養孩子注意力，從他們出生那一刻起就該做了**。但是，你要**針對孩子的發展規律，提供合適的引導**，像是對剛出生的孩子，我們就不可能要求他喝奶要專心，或是要求他不可以因為周遭有聲音，就把頭轉來轉去。

除了合適的引導之外，**也要根據孩子的表現，逐步去調整難度**，才能持續提升孩子的注意力。

盡早引導孩子發展主動的注意力運作，是我覺得爸爸媽媽最需要做的，因為當孩子的注意力運作是越主動的，他就有越好的掌控權，可以決定不要受到干擾信息的影響，才有可能專心做事情。

可是，往往我們所做的很多事情都在破壞孩子主動的注意力運作，像是很多爸爸媽媽在孩子做事情的時候，很喜歡提醒他們該怎麼做比較好，一下說你要注意左邊，一下又說你這會兒要看右邊。結果，孩子為了要應付爸爸媽媽，根本沒有機會自己去決定，到底該把注意力放在什麼地方。

這是一把雙面刃，訓練孩子注意力的主動性要循序漸進，否則對孩子注意力的發育會是一個傷害。就像你讓小學一年級的孩子在很嘈雜的環境寫作業，還跟他說：「媽媽這是在培養你主動的注意力運作，你要學會怎麼不受噪音的影響。」這就是一種非常糟糕的做法。

比較恰當的做法，是先讓孩子在沒有干擾的環境下，練習怎麼集中注意力高效完成作業，然後慢慢增加自然的干擾，像是家人可用正常音量在孩子念書的房間外面交談，訓練孩子用主動的注意力運作來排除干擾信息的影響。

第三章：孩子的注意力是否出問題？

身為父母，我想大家都會很想知道，孩子是不是發育有問題。注意力缺失，或學理一點的說法：注意力不足過動症（Attention-deficit hyperactivity disorder），就是很多爸爸媽媽關心的問題。

注意力缺失和注意力不足過動症是不同的

有些爸爸媽媽會疑惑，到底注意力缺失（Attention Deficit Disorder）和注意力不足過動症有什麼不同？在進一步解說前，我要先釐清一個觀念：注意力缺失已經是過時的用法了。在美國精神醫學學會（American Psychiatric Association）的《精神疾病診斷及統計手冊》第四版以前還有出現，是用來描述有注意力缺失，但是沒有過動的狀況。二〇一三年出版的第五版中，就已經沒有這樣的診斷了，而是將注意力不足過動症分為三種：注意力不足、過動衝動以及綜合型（前兩者都有）。所以，不是沒有過動的狀況，注意力的運作就沒問題，因為注意力不足也是注意力運作有問題的一種展現。

注意力不足過動症的孩子越來越多嗎？

近年來隨著資訊發達，大家對於注意力不足過動症有進一步的認識，加上媒體推波助瀾，說現在太多智慧型產品會導致孩子有注意力缺失的徵狀，使得很多爸爸媽媽看到孩子有一點徵狀就緊張得半死，擔心自己孩子有注意力不足過動症。雖然美國疾病管制局的統計資料顯示（見圖 3-1），美國孩子被診斷出有注意力不足過動症的比例，確實有逐漸升高的趨勢，但是診斷的標準也在改變，甚至有變

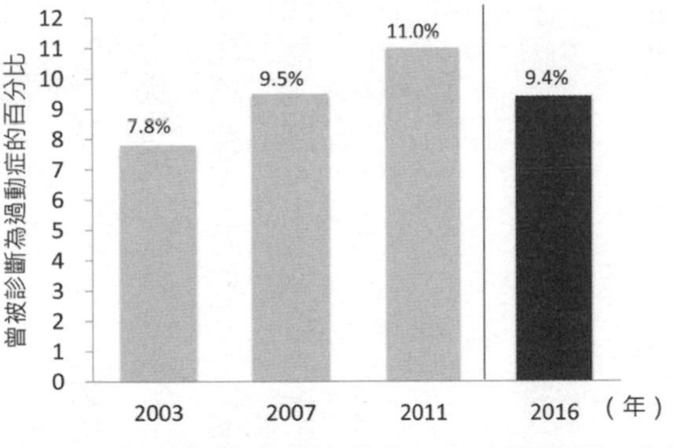

圖 3-1　2016 年調查數據涵蓋 2-17 歲的孩子，先前幾次調查的範圍是 4-17 歲，不適合直接拿來比較。

寬鬆的現象，也就是說孩子比較容易被診斷為有注意力不足過動症。

另外還有一個因素，早年家長可能較少關注自己孩子的發展，所以沒留意到孩子的注意力有狀況；而現在的家長比較緊張，因此較多有過動徵狀的孩子被診斷出來。但若從一份彙整了一九八五到二〇一〇年的資料來看，全世界注意力不足過動症盛行率並沒有明顯增加的趨勢，而是維持在百分之七左右，也就是約每十四至十五個孩子當中，會有一個有這樣的狀況。

千萬不要隨意給孩子貼上標籤

任何疾病都是人為定義的，像是高血壓、糖尿病，都是透過血壓、血糖是否超過一定數值來界定。如果哪一天高血壓的標準變嚴格了，收縮壓超過七〇毫米汞柱就算是高血壓，那麼一個人可能從低血壓變成高血壓；相對的，如果高血壓的標準變寬鬆，收縮壓超過二〇〇毫米汞柱才算高血壓，一個人也有可能從高血壓患者變成低血壓患者。

跟人的心理運作有關係的疾病，更是深受人為定義的影響，但目前我們還沒有辦法客觀的去量測一個人的心理運作。就拿憂鬱症為例，現階段並沒有一個所謂的憂鬱症測量器，可以透過客觀的數值來量測一個人是否憂鬱了。注意力不足過動症也是如此，我們沒有一個客觀的方式，能夠幫助我們判斷一個人的注意力是否出了問題。

另外，人的行為反應有很多原因，如果我們不了解前因後果，也很容易做出錯誤的判斷。美國影集《怪醫豪斯》（House）中就常常出現這樣的特殊病例——一個病人行為上看起來是某個腦部區域出了問題，但是經過專科診斷治療，反而病症更嚴重，後來他們才發現之前判斷錯了。再舉個有點極端的例子，孩子在玩的時候，你一直叫他，他都不理會你，原因有可能不是孩子玩得太過於投入，聽到呼喚卻忽略你在叫他，而是因為他的聽力短暫受損了，根本就沒聽到你在叫他。

了解孩子注意力的發展過程，不會誤以為孩子注意力出問題

因此，要在孩子小的時候就判斷他的注意力是否出問題並不適合。更直白的說，現在我們還沒有太好的方式來做診斷，而且孩子注意力方面能力也不是一出生就發展完成，所以不適合在太小的孩子身上做診斷。注意力研究的大師麥可．波斯納教授等人在

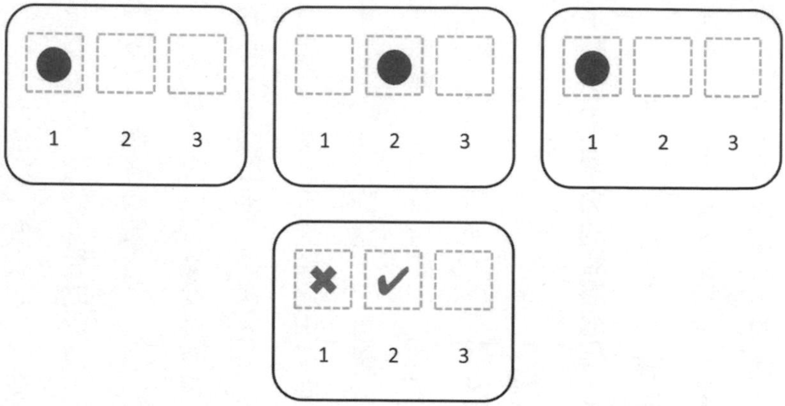

圖 3-2 圖中的紅點會依次在位置 1 和位置 2 重複出現。如果孩子發現這個規律，當紅點出現在位置 1 時，即使還沒有出現在位置 2，他們也會把視線移動到位置 2。

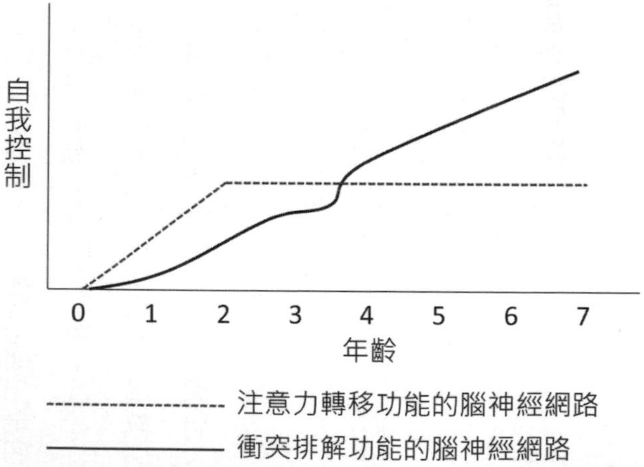

圖 3-3 波斯納假設與自我控制越有關係的注意力系統，會越晚發育，且比較晚才會發育完全。

二〇一四年發表了一份追蹤孩子七年的研究報告，他們從這些孩子出生，就開始做系統性的研究調查。

波斯納教授的研究團隊發現，新生兒的注意力是比較反射性的，容易受到外界刺激引導（例如聽到巨響就會轉過頭去），在這個階段，注意力移轉的發展就相對重要。在實驗室中，他們利用觀察孩子凝視刺激的時間快慢來評估他們注意力的轉移能力，刺激會出現在螢幕上的三個位置，而且會按照一個順序出現——注意力發展良好的孩子會先將視線移到刺激即將出現的位置上（見圖3-2）。

雖然這個能力看似和衝突排解能力沒有太大的關係，但波斯納的研究發現，孩子在一歲前注意力轉移的能力，會和他們七歲時的衝突排解能力有正相關，注意力轉移的能力越好，日後的自我控制能力也就越好。而且腦神經的證據也顯示，衝突排解的腦神經網路會隨著年齡變緊密，但注意移轉功能的腦神經網路則不會隨年齡而有明顯的變化（見圖3-3）。也就是說，注意力的發展是有先後順序的，反射性的功能發展較快，而需要主動控制的能力，則會跟隨大腦額葉的發展逐步進化。

心理學家爸爸的教養便利帖

儘管有些爸爸媽媽可能會感到焦慮，但我必須再次提醒大家，孩子是否有注意力的問題，不是自行在家中就能夠確認的。若你覺得孩子的注意力發展有些狀況，一定要找專業的評估機構來協助評估，千萬不要隨意給孩子貼上標籤，然後參考網路上的注意力訓練素材等等，因為沒有對症下藥，反而可能延誤了孩子的發展。

此外，有些孩子的注意力缺失和生理上的發育缺陷有關係，所以也不要過度苛責孩子，要了解孩子的狀態，安排最適合他的介入方案，才能真正幫助孩子提升注意力的表現！

專欄 · Column

如何及早發現孩子的注意力問題？

一歲前的孩子

針對一歲前的孩子，我們可以透過兩種方式進行初步的判斷：

第一、如同波斯納的做法，在不同位置依序呈現刺激，檢視孩子是否能夠學習，在刺激出現前就注視那個位置。**若孩子能提早看過去，表示他的注意力轉移能力發展較佳。**

第二、讓孩子看一個他沒見過的東西，看看他是否會先做觀察再伸手去拿，還是直接伸手拿。**若孩子先觀察一陣子再伸手拿，表示他未來衝突排解的能力可能會發展得比較好。**

學齡前的孩子

現階段並沒有太多針對孩子注意力的標準化測驗，波斯納教授開發的兒童版注意力網路測驗（Attention Network Test Child version）是少數標準化的測驗❸。這個測驗分為兩部分，

❸ 若想了解這個注意力測驗是怎麼運作的，請掃描 QR Code 瀏覽這段影片：https://goo.gl/rUripV。

專欄・Column

第一個部分就是在動物出現前，第二個部分則是在動物出現之後（見圖3-4）。在這個測驗中，每一題都包含這兩個部分，而第一部分又分好幾種不同形態：

❶只有十字

❷在畫面中央有一個星號

❸在畫面中央有十字，上下各有一個星號

❹在畫面中央有一個十字，上方或下方有一個星號

第二部分就像前面描述的，會出現五個動物，中央的動物可能和旁邊的動物朝向同一方向，或是不同的方向。雖然測驗有兩部分，但孩子只要針對第二部分的情況進行按鍵判斷——他們要判斷中央的魚是朝向左還是右。

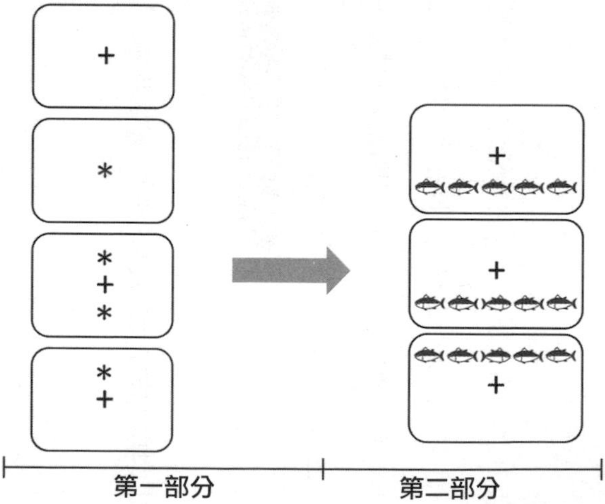

圖 3-4 兒童版注意力網路測驗示意圖

圖3-4兒童版注意力網路測驗示意圖，第二部分上中下分別表示三種狀況：(1)需要注意力轉移，動物朝向一致；(2)需要注意力轉移，動物朝向不一致；(3)不需要注意力轉移，動物朝向不一致。所謂的「需要注意力轉移」，是根據第一部分的第四個狀況來判定的，因為星號出現在十字的上方，所以如果動物出現在十字上方，就判定是不需要注意力轉移的。

這個測驗怎麼測量孩子的注意力？

警覺

在第一部分，會有四種不同的情況。我們可以透過比較有星號和沒有星號之間的反應時間差，推算孩子警覺能力的好壞。因為，孩子會知道星號消失後就會出現魚，若警覺系統運作正常，就知道看到星號要準備去按鍵，比起沒有看到星號的時候，反應來得快些。但是如果孩子的警覺能力發展異常，在有星號和沒有星號的情況，反應速度會是沒有差異的。

注意力的轉移

由於星號有時候和魚會出現在同樣位置，有時候會出現在不同的位置（見圖3-4第二部分中間和下面這兩張圖），透過兩者的比較，就可以知道孩子注意力的轉移能力好或不好。注意力轉移能力好的孩子，反應兩種狀況的差距會比較大（星號和魚出現在同位置時，反應

會比不同位置時快很多）。

衝突的排解

在第二部分，有時所有動物都會朝向同一個方向，有時中間動物和旁邊的動物會朝向不同方向。孩子在這兩種情況下的反應時間差距就展現了他們衝突排解能力的好壞。如果兩種情況的反應時間差距越小，表示孩子越能夠專注處理該注意的東西，而不會受到太多干擾，也就是說他們的衝突排解能力很好。

這個測驗或許不一定能全面性反應孩子注意力運作的面向，但核心的三個能力都能透過測驗得到評估。但因為測驗本身的規則不是那麼容易理解，建議三歲半或四歲以上的孩子才適合用這個測驗來做注意力能力的評估。

・學齡後的孩子・

一般來說，注意力不足過動症的確診比較會是在學齡後，因為那時候孩子的發育比較穩定。美國小兒科學會建議孩子四歲以後再做診斷，如果你想要幫孩子做診斷的話，一定要找合格的機構，千萬不要自己做判斷，或是找到故意騙錢的評估單位。

根據美國《精神疾病診斷及統計手冊》第五版中提到的，在Box1 & Box2所勾選的徵狀都必須要持續六個月才算數，若是家中有十二歲以下兒童滿足六項條件，可能就需要多關注了。

Box 1 注意力缺失

- □常沒有注意到細節且犯下粗心的錯誤
- □做事情或玩遊戲無法專注
- □常被認為沒有認真聽別人對自己說話
- □常無法照著別人的指示完成任務
- □常無法組織自己該完成的事情
- □常逃避需要花一些功夫才能完成的事情
- □常忘東忘西
- □很容易分心
- □常忘記事情

Box 2 過動及衝動

- □常坐不住或是忍不住玩弄手腳
- □被告知不能離開座位時還是忍不住離開
- □在不能亂動的場合，忍不住亂動
- □參加休閒活動無法保持安靜
- □總是停不下來
- □講話講不停
- □別人問題還沒有問完就忍不住回答
- □無法等待
- □常干擾別人

此外，還需要滿足以下的條件：

- ▼這些現象必須要出現在兩個以上的場所（如果只在家裡有這樣的現象就不能算數）
- ▼這些現象必須對生活造成重大的干擾
- ▼這些現象不是因為其他精神疾病所造成的（但不排除亞斯伯格症）

第四章：並不是越專注越好

我們小時候可能都聽過一個故事：物理學家牛頓在實驗室工作到非常忘我，要吃飯時才發現：鍋子裡煮的不是雞蛋，而是自己的懷錶。中國歷史上也有一個類似的版本，大書法家王羲之寫字很專心，結果呢，吃東西要蘸蒜泥，卻蘸成了墨汁。

過度專注的問題

這些故事的真實性，我們先不去考證。我自己倒是有一個親身經歷：我也是做事情很專心的人，但有時候太過專心卻會帶來一些尷尬。比如跟朋友約在捷運站見面，但因為我太專心往捷運站方向前進，根本沒有留意到朋友其實正朝我走過來。最後還是朋友大聲叫我的名字，叫了很多次，我才回過神來。幸好朋友很了解我，知道我不是故意對她視而不見，不然我們的友誼可能就要受影響了。這幾個故事，就是我想告訴大家的：專心當然好，但過猶不及。

我的博士研究就是探討這樣的議題，我們做了很多實驗，發現：如果人過度專注在一個東西上，就會很容易疏忽掉其他東西，很可能帶來有害的結果。

比方說，我們在實驗中給受試者呈現一些字詞，受試者可能會注意到那些帶有情緒色彩的字詞，而沒有注意到其他字詞。但如果這是在生活中，例如開車時，看到路邊看板上的俊男美女，可能就會多看兩眼，不小心錯過交通指示牌，多開了些冤枉路。

或者孩子一邊看電視，一邊在畫圖，可能會因為沉浸在電視情節中，而把圖畫在不該畫的地方，例如畫到桌面或是自己的褲子上，惹得媽媽生氣。

如果過度專心，還可能有哪些小風險呢？在前面的章節，我提過「警覺」，而一個人要能夠對外在環境保持警覺性，就不能過度集中注意力。因為太過於集中注意力做一件事，就有可能會忽略其他事情，像先前提到牛頓、王羲之的例子都是如此——他們太專心做手邊在做的事情，結果沒有察覺其他的改變。

過度集中注意力在自己的世界裡，對於社交也有很大的影響。像一些自閉症兒童就是過度專注於一些事物，而忽略了環境中其他更重要的事物。例如有些自閉症的孩子，只注意在環境中會發亮的物體，也不管這物體出現在哪，都會不由自主地去摸、去碰，甚至去搶別人手上拿的手機，或是會閃爍的玩具。往往這些行為，會讓其他人感到突兀，甚至會引起反感。

對現代人來說，長時間專注並不實際

在現在這個年代，大多數人都需要在很多不同的任務間做切換，像是一下要回覆電子郵件，一下要做簡報等等。在這樣的工作型態下，如果你長時間專注在某一個任務，對你整體的表現是不好的，因為你切換任務的成本太高了。比較好的做法是每十五到三十分鐘切換一次任務，降低切換任務的成本，同時又可以保持新鮮感，讓工作效率持續維持在高峰。

對孩子來說，十到十五分鐘切換專注標的，對他們也是好的，特別是當孩子在接觸新的事物時。因為人都是喜新厭舊的，持續有新的事物，可以再次啟動注意力運作。所以，聰明的小學老師，一節四十分鐘的課，就應該切換三到四個不同的主題或是教學方式，才能持續捕捉孩子的注意力。但是，如果孩子是做他們自己感興趣的事情，就不需要把時間切割，而是要考量孩子的狀況。比方說，有些孩子很喜歡玩積木，一次玩上一兩個小時都有可能，只要安全無虞，我們就不要去打擾他們。

剛剛好的注意力最好

看到這裡，你應該可以認同注意力剛剛好是最好的，因為不管是太過於專注，或是太分心都不好。所以，**引導孩子，讓他們懂得控制自己注意力集中的程度是很重要的。**而這部分涉及兩個問題：

首先，要讓孩子意識到哪些行為是屬於「注意力程度」的範疇，

然後，領悟到「集中注意力」的不同程度。

比如，怎樣算是不集中注意力？怎樣是過於集中注意力？怎樣才是恰到好處的集中注意力？

接下來，我們就來看可以怎麼做嘍！

做法一 講故事

說故事是小孩成長教育中很重要的一環

從前有三隻小豬～

但選擇適合小孩年齡的故事更重要

於是，哈比人一行人組成了魔戒遠征隊，出發討伐魔君索倫跟消滅魔戒。
????

孩子都喜歡聽故事，你可以找一些他喜歡的繪本，陪著他一起閱讀。讀完之後，還可以即興地和他互動問答，請他判斷故事裡的主人翁有沒有集中注意力。

像我家老大很喜歡《奇先生妙小姐》（*Mr. Men & Little Miss*）這套系列童書，其中有一集是白日夢先生，故事中白日夢先生帶著一個小男孩維維去探險，不過其實是在開小差。講完故事後，我就會問老大：

「那你覺得維維有沒有集中注意力呢？」

「有沒有什麼辦法可以幫他集中注意力呢？」

有時候我也會自己編故事：「小明是一個很愛看書的小男孩，他常常看書看得很著迷，有一次連屁股著火都沒發現，還好他的媽媽看到了，趕緊拿水往他的屁股潑過去，不然就麻煩了。」

然後講完再問孩子：

「小明為什麼會連屁股著火都不知道呢？」

「是不是因為過於集中注意力在一個地方了？」

「你會像他一樣嗎？」

「不會對不對？」

「很好。」

故事不用太長，可以浮誇一點，但最重要是要很有趣，讓孩子感興趣。這樣的故事才會讓孩子印象深刻，我們想要教給他們的知識才會被牢牢記得。以後也可以利用故事中的角色來提點孩子：「你這樣就像那個小明一樣，你覺得這樣做是對的嗎？」

「講故事」的方式，還可以靈活地做一些變形。有時候手邊沒有故事書怎麼辦？回顧身邊的小事，比如爸爸媽媽自己，或是孩子，曾經發生過度集中注意力或是注意力不足的狀況，也都是引導孩子控制注意力程度的好機會。

像有一次我交代老大去房間拿襪子，結果他一邊在看電視，進去房間好一陣子，又跑出來問我：「爸比，你剛剛要我幹嘛？」

我當然氣得癢癢的，不過我沒有立刻動怒，而是告訴他：「你這就是注意力不足，下次不可以這樣，做事情要專心。我剛剛是叫你去拿襪子。」

做法二

外在環境的改變

「從不集中注意力到集中注意力」講起來簡單，但做起來，別說對孩子，就是大人來做也相當不容易。訣竅是：先改變那些外在的、具體可見的東西。像是我如果要從不專心的狀態，變為比較專心，就會把一些讓我分心的東西拿開，例如手機。那麼要怎麼讓自己放輕鬆一點，不要那麼專心呢？我的做法是站起來走走，做點別的事情，喝口水或伸展一下身體。

同樣的，我們要教孩子控制自己集中注意力的程度也是如此，要提供他們具體的做法。像是希望孩子集中注意力時，就請他們把其他的東西拿走，只能專注在該注意的東西上。還有，如果我們希望孩子專心，就要配合降低音量，不要打擾他們。人的天性本來就是會去留意環境的變化，孩子的額葉發育還不完全，特別容易受到環境的干擾，所以要格外注意。

有的時候孩子難免開小差，那要怎麼透過改變環境避免他們開小差呢？英國紐卡索大學教授梅莉莎．貝特森（Melissa Bateson）利用眼睛圖片做為研究素材，結果發現：只要參與實驗者察覺有眼睛在看著他們，他們的行為會比較符合社會規範、比較利他。這個研究結果也可套用在提升孩子的注意力上面，你可以在孩子的書桌前貼上眼睛的照片，還可以特別選生氣時候的眼神。只要孩子一開小差，看到這張照片，就會趕緊回神。不過爸爸媽媽要記得，不要用自己眼睛的照片，以免孩子對你有不好的連結，一想到爸媽就渾身冒冷汗。

有些爸爸媽媽還會一邊播放古典音樂，特別是莫札特的音樂，這種方式我不特別推薦。首先，聽莫札特的音樂是否真的有益於提升孩子的創造力等等，本身就是一個爭議話題。確實有研究發現聽莫札特的音樂對孩子有幫助，但也有很多研究沒發現這樣的幫助，所以大家不要輕易上當。再者，孩子年紀還小，很容易受到音樂的干擾，此時音樂可能對他們有害無利。所以，還是建議讓孩子在一個較少感官干擾的環境，不僅是視覺、聽覺該注意，強烈的氣味也會影響孩子的專注，也是需要留意的。

另外再做一個小推薦：現在其實已經有一些腦波偵測的設備，只要套一個東西在頭上，就可以偵測一個人集中注意力的程度。我家老大有一次在科學博物館就有玩到這樣的設施，透過腦波控制球的移動，希望球高一點，就集中注意力一點，希望球低下來，就可以渙散一點，最後讓球通過一個高高低低的迷宮。透過這種即時回饋的方式，就能夠讓孩子體會到如何控制自己注意力集中程度。

做法三

幫孩子做任務規劃

不論是希望孩子專心一點，或是不要那麼專心，爸爸媽媽都可以幫孩子做規劃。

先講怎麼讓孩子專心一點：首先我們要知道孩子能夠專注的時間是有限度的，特別是做一些他本身沒有興趣的事情，所以我建議家長要幫孩子做任務的拆解，每個任務所需要的時間，大概就是孩子一次能夠專心的時間。

這個做法其實是借助了很流行的番茄時間管理法（Pomodoro Technique），這是一項由弗朗切斯科．希里洛（Francesco Cirillo）在一九八〇年代末期所開發的技術，簡單來說就是把任務拆解成幾個段落，每完成一個段落，就休息幾分鐘，完成四個段落就休息長一點的時間。透過這種方式，讓困難的任務變得沒有那麼難，同時也經由短暫的休息，讓精神得以恢復，是很不錯的工作技巧。

傳統上，一個段落是二十五分鐘，但是對孩子來說，這樣的時間太長了，所以要根據孩子一次能夠專心的時間來做設定。有個說法是孩子一次能夠專注的時間，大概是年紀加上二——舉例來說，一個五歲的孩子，一次能夠專心的時間就是五加二，也就是七分鐘。不過，這只是一個粗略的原則，還是會根據孩子的個別差異，以及任務的性質而有所不同。

那麼，如果要讓孩子不要那麼專心的話，該怎麼做呢？

一般來說，我們希望孩子專心都來不及了，怎麼可能還會希望他們分心。沒有錯，多數的時候，我們並不需要孩子分心，但是當孩子在玩玩具、看影片時，我們就會希望他們不要過度投入，以免忘了時間，或是忘記去做其他該完成的事情。另外，如果孩子過度專注在一件事情上，而缺乏警覺性，對孩子來說也是不好的。

所以，在孩子玩樂的時候，規劃一些事情，讓孩子不要那麼專心，對於孩子是有雙重好處的，一方面不會太過於投入玩樂，另一方面可以訓練自己的警覺能力。具體的做法是：

> 設置一個計時器，每次計時器響起時，就要求孩子做一件事情。
> 我們可以事先規劃好五件孩子需要完成的事情，
> 每完成一件事情就在規劃表上打個勾。

在我們家還蠻常跟孩子用計時器的做法，因為孩子一旦投入，往往都會忘了時間。

另外，孩子總是覺得看影片的時光過得特別快，為了說服他們兩兄弟，我和太太會讓他們知道，我們沒有故意縮短你們玩樂的時間，人在玩樂的時候，就是容易感覺時間過得特別快。

心理學家爸爸的教養便利帖

集中注意力很重要，但是過度集中注意力是會有壞處的，也會讓我們容易疲憊。爸爸媽媽可以透過講故事，以及說些生活中的小事，引導孩子明白什麼是恰到好處的專注，並且教他們一些具體的做法，去控制自己的專注程度，如此一來，該集中注意力的時候就集中注意力，該放鬆的時候放鬆，孩子才會有最好的表現。

專欄 · Column

如何確認孩子專注在應該專注的點上？

首先，我想爸爸媽媽要有一個體悟，孩子很多時候其實不大清楚哪些需要專注，所以他們就會被知覺突顯或是與自身比較相關的事物吸引。你可以用兩種方式來協助孩子：

(1) **把無關的事物都拿走。**

讓他們別無選擇，就只能把注意力放在唯一剩下的事物上。

(2) **把孩子需要注意的事物加上一些明顯的標記。**

這種方式比較適合年齡大一點的孩子，你不需要把無關的事物都拿走，而是像在孩子的課本或是參考書上，把重點用螢光筆畫下來，就是一個很不錯的做法。這樣一方面引導孩子注意重要的訊息，另一方面也可以培養孩子衝突排解的能力。

那麼，當你沒辦法幫孩子事先篩選素材的時候，又怎麼知道孩子到底有沒有專注呢？

‧在不打擾孩子的狀況下‧

你可以**留意孩子的視線在什麼地方**，以及

孩子投入在這件事情的程度，來當作一個評判的標準。

剛好有空檔的時候

你可以**稍微提點孩子，或是問他一些問題**，就能確認孩子是否有劃錯重點。

如果孩子劃錯重點，也不要太心急，因為他們的世界和你的世界真的很不一樣，本來關注的事物就會有所不同，也不是孩子故意要把注意力放在那些你覺得不重要的事物上。

在日常生活中

你需要多引導孩子，讓他知道哪些是需要注意的，哪些又是比較不重要的訊息。像是你跟孩子搭乘大眾運輸交通工具時，就可以引導他要留意哪些訊息，比方說上車的月台、發車的時間等等。

因為，你不把握時機刻意引導孩子的話，他們大概就只會注意到車站內有便利商店，而且裡面有賣他們喜歡的零食……

PART 2

如何提升孩子的注意力？

——玩玩小遊戲，促進注意力

第五章：如何提升孩子的警覺能力

在注意力的三個面向中，「警覺」是爸爸媽媽最容易混淆的，也比較陌生。不過，這也不能怪各位，因為大多數時候，我們都是被告知要做哪些事情，往往採取比較被動的方式。

但是，警覺是一個很仰賴主動性的能力，必須要具備主動性。警覺的能力，對我們的猿人祖先來說非常重要，你想想看，如果他們都很專心在捕獵食物，就沒有辦法察覺後有來兵。有句成語「鷸蚌相爭，漁翁得利」、「螳螂捕蟬，黃雀在後」，講的都是缺乏警覺力的狀況，因為牠們太專心在處理目前的任務，結果忽略了可能的危險。

雖然我們現在所處環境沒有那麼險惡，但並不表示警覺的能力對我們不重要。我甚至會說，警覺能力在人工智慧時代更加重要。為什麼會這樣說呢？原因就在於人工智慧越來越發達，我們對人工智慧的仰賴越來越重，但是人工智慧也是有可能會出錯的！如果我們都覺得人工智慧不會出錯，就會有很大的風險，一些人工智慧專家甚至預言，未來人工智慧會故意傷害人類。

以最簡單的例子來說，你是不是很習慣用手機裡的計算機APP幫你做計算，或是要付款時，看都沒看就直接掃條碼？我就遇過有店員輸入錯誤的數字，還好金額差異有點大，否則恐怕我也不會發現。

我家老大和老二雖然還沒有使用智慧手機，但是他們丟三落四的行為，也是和警覺不足有緊密的關係。

上個月我去老大的學校，發現有一個很大的失物招領箱。真是不看不知道，一看嚇一跳，原來孩子們這麼愛丟東西。

我原本以為我家老大算是丟三落四很嚴重的，第一天上學就忘記帶便當盒回家，經常去找東西，次數多到老師看見他都會說：「這次又掉了什麼東西啊？」可是看到那個招領箱裡什麼都有，我甚至覺得，老大只是丟便當盒或書本，已經算是不錯的了。

之前在老大班上家長的LINE群組裡，也聽到了一件讓人笑掉牙的事情：有個孩子背錯書包回家，結果沒辦法準備考試需要的東西。這件事聽起來很誇張，但是這孩子的媽媽提到，因為書包是幼兒園畢業的時候送的，可能很多小朋友都有同樣的書包，所以孩子才會背錯。

我相信各位爸爸媽媽也都有類似的糗事，像我自己犯過一次最糗的事情，就是在航空公司網站上訂機票，誤以為「松山到關西」是指從臺北的松山機場飛到日本關西機場，就很開心地訂機票付款了。之後跟家人炫耀，才驚覺我根本訂錯機票。我訂的是從日本的松山機場飛往大阪關西機場的航班，根本不是從臺北飛關西。要是當時我能夠再多警覺一點，或許就不會浪費這冤枉錢，唉！

提升警覺能力的準則

警覺仰賴主動性，所以要訓練孩子的警覺性，格外費力。因為孩子注意力的發育，是先發育被動性的面向，之後才發育主動性面相。因此，對年齡比較小的孩子不要太苛求，甚至本末倒置，為了訓練孩子的警覺性，故意讓他們暴露在很強的聲光刺激下，這樣是非常不好的。彙整提升孩子的警覺能力，有兩個基本原則：

❶ 循序培養孩子的主動性

❷ 不使用過度強烈的感官刺激來訓練孩子的警覺性

做法一 照鏡子

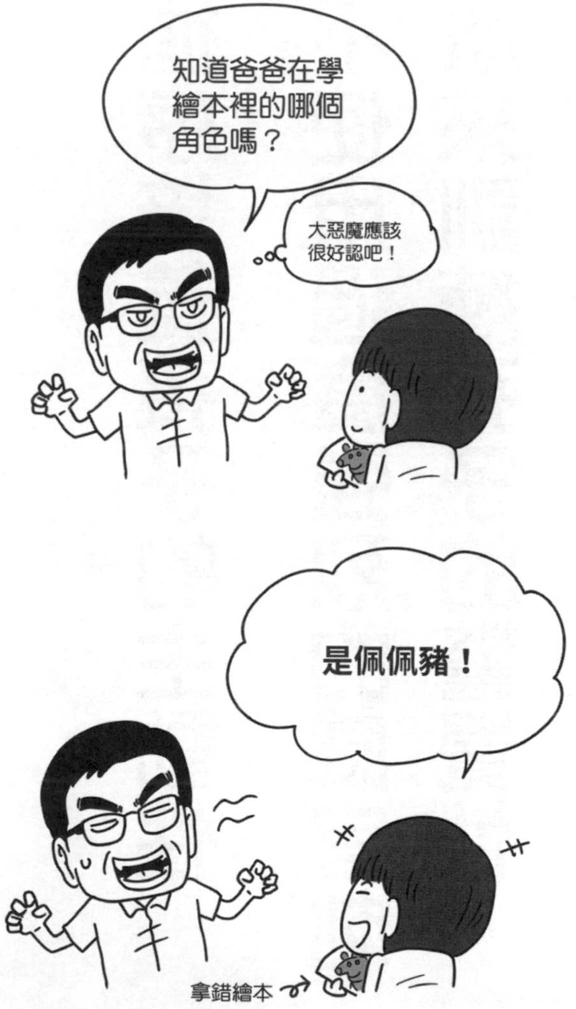
知道爸爸在學繪本裡的哪個角色嗎？
大惡魔應該很好認吧！
是佩佩豬！
拿錯繪本

你可能會說：「照鏡子，不是每天都照嗎？這有什麼好玩的？」

不過我在這裡說的【照鏡子】，可不是每天出門前化妝換衣服的照鏡子，而是一種家長可以和孩子一起玩的親子遊戲，還能用來提升孩子的注意力。

這個遊戲，我要特別推薦給爸爸們。

為什麼呢？

因為媽媽們難免會想上街逛逛，如果逛太久，這時負責顧孩子的爸爸就要變出一些花招，不然孩子沒辦法等上那麼久。只要爸爸學會用這招帶孩子，媽媽就可以好好放鬆享受逛街購物的樂趣。

那具體要怎麼玩呢？先來個正規版的玩法。

正規版【照鏡子】

有鏡子或櫥窗可以映出影像就能玩，可依不同年齡變化玩法

最適合訓練：警覺能力

基本玩法：孩子拷貝爸媽反映在鏡中的動作

難易度：由低到高，隨孩子的年齡調整

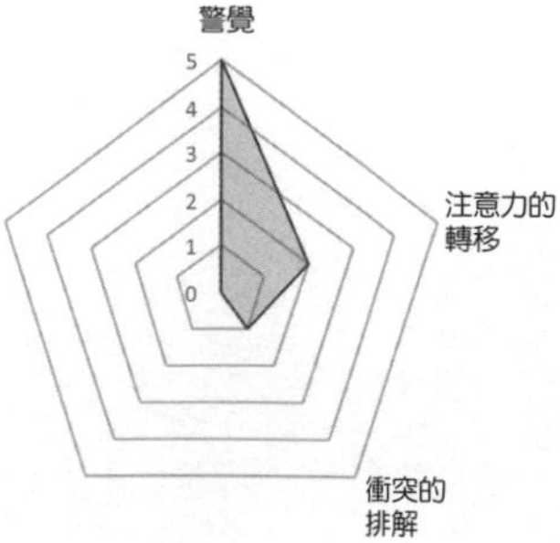

帶老大一起等太太購物時，我常會和他並肩站著看向鏡子，然後像這樣對他介紹遊戲規則：「現在我們來玩照鏡子遊戲。你在鏡子中看到爸爸做什麼動作，你就要做一樣的動作，比如舉起左手，或者伸出雙手。」

爸爸媽媽可以一邊慢慢介紹規則，一邊帶孩子示範兩次。一般三歲以上的孩子，很快就可以領悟這個遊戲規則了。

〔三歲以下〕盡量做對稱動作　難易度：●○○

對三歲以下的小小孩來說，由於還欠缺一些靈活運用知識的能力，如果你舉起左手，他可能會困惑自己到底該舉左手還是右手，所以我們可以對遊戲規則進行一點小小

的改動。像是我在帶老二玩這個遊戲時，就會盡量做一些對稱的動作，比如不是只舉一邊的手，而是舉起雙手，這樣老二就可以更順暢地跟著做動作了。

如果孩子剛開始還是不太會，你可以告訴他怎麼做出一樣的動作，例如一步一步引導他：「現在把你的右手舉起來，用右手的食指去摸鼻尖。」

經過幾次練習後，孩子就能很快地照著鏡子中的影像，做出對應的動作了。

〔三至六歲〕不對稱動作＋限時完成　難易度：●●○

跟三至六歲的孩子玩【照鏡子】，可以做一些不對稱的動作，或是再加上時間壓力，限制孩子必須在多久之內做出動作，否則就不算挑戰成功。

〔六歲以上〕模仿持續的動態動作　難易度：●●●

對於六歲以上的孩子，可以要求他們模仿動態的動作，基本上就是你做什麼動作，就要求孩子要馬上做出來，而且你的動作是持續變動的。

如果賣場恰好沒有鏡子，或是不方便使用鏡子的時候，怎麼辦呢？沒關係，我們可以玩改良版的【人體照鏡子】哦！

改良版【人體照鏡子】

不受時間、空間限制，無論在哪裡都可以玩
最適合訓練：警覺能力
基本玩法：把別人當鏡子做出相同動作
難易度：由低到高，可參考正規版動作調整

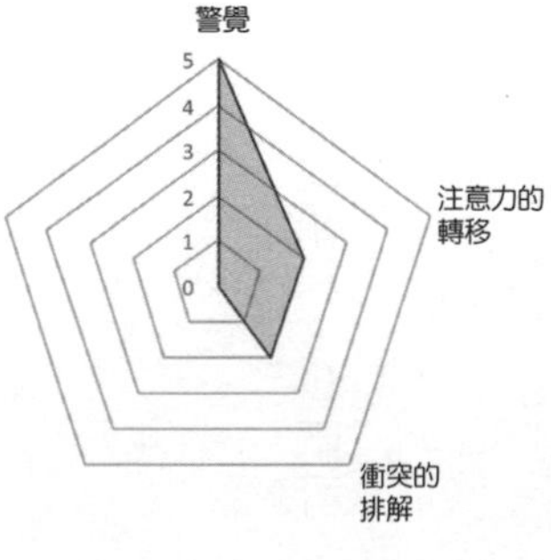

【人體照鏡子】也就是把別人當成自己的鏡子。你可以對孩子說：

「你平時照鏡子時，鏡子裡的人是怎樣做動作的？」

「好，現在開始，你就是爸爸的鏡子，爸爸做什麼動作，你就要像鏡子裡的那個人這樣做。」

「比如我拍手，你也要這樣拍手，如果我低頭看地下，你要怎麼做呢？你也要跟著低頭看，對不對？」

延伸版①【自拍照鏡子】

善用手機拍照APP，跟孩子大玩特效變裝

最適合訓練：警覺能力

基本玩法：真人模仿自拍結合特效加工

難易度：●●●

手機現在有很多拍照APP，自拍時可再加上一些太陽眼鏡、帽子的效果，也可以拿來和孩子玩。

你可以自己先拍出一張有特殊效果的自拍照片，然後請孩子也拍出一張一樣的，而且孩子除了要做出同樣的表情、動作，還要選擇相同的特效。

相信我，他們會玩得很開心的！

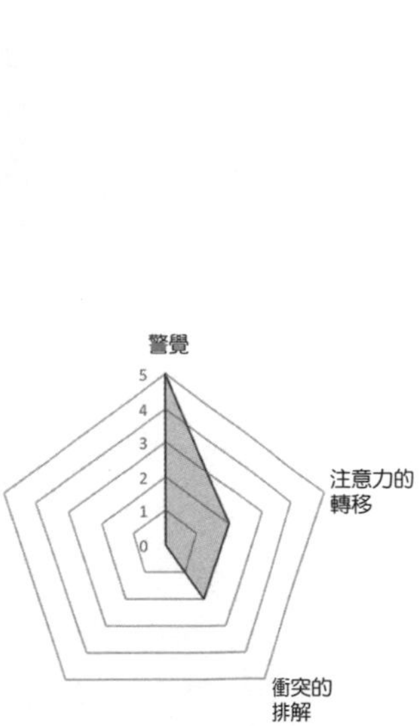

延伸版②【繪本照鏡子】

繪本人物跑出來了？觀察、表演也是學習一環

最適合訓練：警覺能力

基本玩法：模仿繪本裡面人物的動作

難易度：●●●

還有繪本，也可以拿來當照鏡子遊戲的道具哦！

在家中玩的時候，你可以找一本有人物角色的繪本，然後去模仿繪本中一個人物的動作，請孩子從繪本裡面找找，你的動作是哪一頁的哪個人物所做的動作。

這個玩法，也可以換孩子做動作，讓爸爸或者媽媽來猜，相當好玩喔！

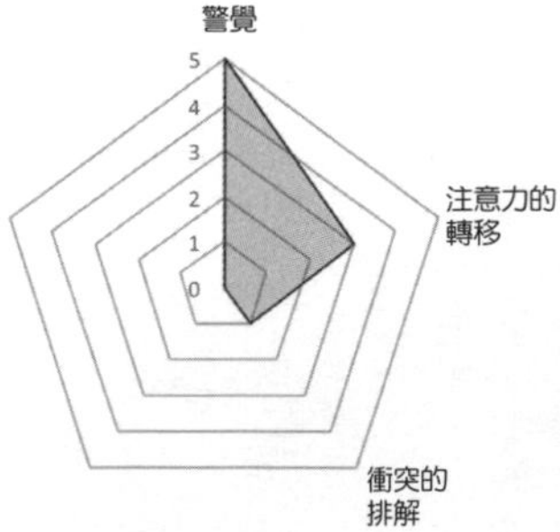

挑戰版【接龍照鏡子】

結合創意思考和生活經驗，把動作聯想加進去

最適合訓練：警覺能力、創造力

基本玩法：讓孩子觀察爸媽的動作後做出對應動作

難易度：●●●

如果再做一點小小的改動，我們還可以利用照鏡子遊戲來訓練孩子的創造力哦！

那麼，要怎麼做呢？你可以跟孩子玩「動作接龍」，就是兩個動作之間要有關係。比如我在鏡子前做出丟球的動作，孩子首先要觀察並且判斷我比出來的動作是丟球，接著他要想有什麼動作和丟球有關。如果他想到的是接球，就要在鏡子前做出接球動作。然後下一個人要做出一個和接球有關係的動作，例如拍球之類的。這樣就可以一邊提升孩子的注意力，又可以訓練他們的創造力。

玩【接龍照鏡子】不一定要有鏡子，但爸爸媽媽操作時也要花點心思加入創意。當然，也可以換成小朋友出題，想辦法為難或考倒爸爸媽媽。

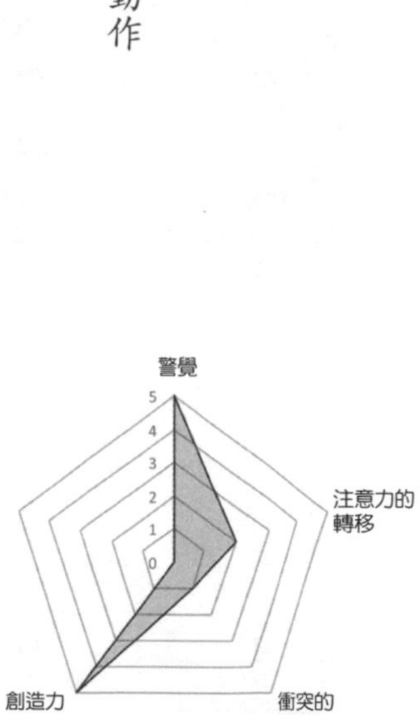

變形版【回想照鏡子】

不僅要模仿動作，還要把好幾個動作記下來

最適合訓練：警覺能力、記憶力

基本玩法：做完動作後歸零，由孩子依記憶重現

難易度：●●●

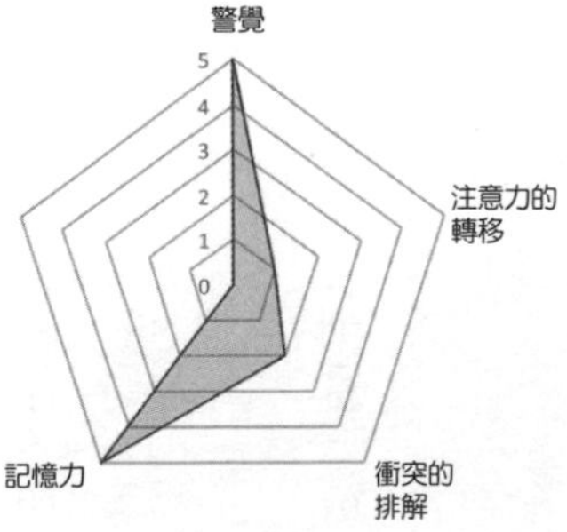

我們也可以為照鏡子遊戲做一些變形。例如你可以做完動作後，請孩子仔細看，然後你恢復到沒有做動作的狀態，換孩子模仿先前你做的動作。這樣的做法除了訓練孩子的注意力之外，還可以訓練孩子的記憶力，一舉兩得。

同樣結合記憶力的訓練，爸爸媽媽也可以連續做好幾個動作，請孩子先專心看，然後按照順序把動作做出來。

〔進階〕把動作倒著回放　難易度：●●●+

如果你想讓遊戲挑戰難度再大一點，還可以讓孩子用顛倒的順序把動作做出來，這樣孩子會需要凝聚更高程度的注意力來完成。例如先彎下腰，兩隻手摸到腳踝，接著兩

隻手臂張開呈大字形，最後是兩隻手高舉，並且把手心對到手心。而孩子要做的動作順序是倒過來的，所以第一個要做的是兩隻手高舉，手心對到手心，然後兩隻手臂張開呈大字形，最後才是彎下腰，兩隻手摸到腳踝。

【照鏡子】遊戲為什麼可以提升孩子的注意力呢？

首先，它可以訓練孩子的警覺能力，因為他們要能夠察覺爸爸媽媽動作的變化。

此外，玩照鏡子遊戲也涉及到注意力的轉移。仔細想想，這個過程其實和抄寫有一點像，都是先去觀察一個東西，然後想辦法複製同樣的東西。只是這個難度更高，因為鏡子中的影像是左右顛倒的，所以孩子需要更集中注意力。

這樣的遊戲非常能吸引孩子的注意力。

為什麼呢？這其實是我們大腦中的鏡像神經元在發揮作用——注意哦，鏡像神經元的英文是 mirror neuron，說明它和鏡子有關係。而鏡像神經元是什麼呢？我們會模仿別人，或者有同理心，在看到別人難過時，自己也會感到難過，就是鏡像神經元在發揮作用。

遊戲小筆記

低難度：做對稱的動作，且在沒有時間壓力下玩

中難度：可以加入不對稱的動作，在限時的狀況下玩

高難度：請孩子模仿自己動態的動作，就像真的在鏡子中看到的影像

延伸玩法：

- 可以跟孩子玩動作接龍，刺激孩子的創造力。
- 可以做出幾個動作，請孩子照同樣的順序或是倒著做出來，同時訓練記憶力。

做法二

找碴遊戲

相信【找碴遊戲】大家都很熟悉吧？其實就是要去比較兩張圖片中哪些地方有差異。不僅是網路上很多相關的遊戲可以玩，也有不少書籍可以拿來玩這個遊戲，但我必須要說，大家接觸到的找碴遊戲，多數是趣味性高，實用性低，實際上對孩子的幫助可能並不大。

為什麼會這麼說呢？

因為很多找碴遊戲為了讓玩家很難找到差異，總是會在很細小、微不足道的東西上做改變。這樣的改變，對孩子的生活來說，影響是很小的。

正規版【找碴遊戲】

請孩子化身柯南，找出有哪些東西改變了

最適合訓練：警覺能力

基本玩法：找出兩張圖片中差異的部分

難易度：由低到高，隨孩子的年齡調整

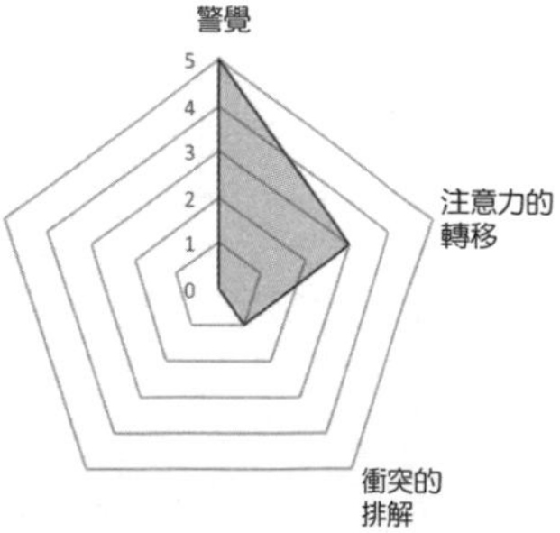

如果我們要透過【找碴遊戲】提升孩子的警覺程度，讓他可以藉此擺脫丟三落四的習慣，那就要對這個遊戲進行特別的規劃。

例如，你想要幫孩子改善「忘記拿東西」這件事情，就可以選擇畫面中有人物，而且手上東西有改變的圖片——比如一張手上拿著一本書，另一張畫面手空著沒拿書。透過這樣的練習，讓孩子知道，要去**留意圖片中人物拿的東西有沒有改變，然後連結到自己身上，要記得時時檢查帶的東西有沒有少了**。

同樣的，如果孩子的問題是忘了關電視、關燈等等，就安排改變是和這些事情有關係的，例如兩張圖片中的電視，一台是黑色沒畫面，一台是有畫面的，看看孩子有沒有留意到這樣的改變。市面上可能不容易買到這種圖片，爸爸媽媽也可以自己拍照，做成對比的版本，孩子玩起來還會特別起勁！

〔三歲以下〕改變多且明顯　難易度：●○○

針對三歲以下的孩子，兩張圖片的差異要非常明顯，最好畫面中三分之一以上的東西有變化，讓他們能順利找到有東西改變了。

〔三至六歲〕錯置的變化　難易度：●●○

針對三至六歲的孩子，兩張圖片的差異可能是東西錯置，或者安插超過一個以上的改變。總之，不要是那種一眼就能夠發現的，但也不至於要很仔細看，才能找出有哪些地方不一樣。

〔六歲以上〕差異較細微　難易度：●●●

針對六歲以上的孩子，兩張圖片的差異可以比較細微，例如一個包包上本來有四朵花，另一張圖片的包包多了一朵花，而這些改變需要仔細比對圖片才能發現。

除了用照片來玩之外，爸爸媽媽也可以善用家裡的環境。像我們家就有一個專門用來放玩具的區域，有時候我會故意把玩具亂擺，然後問老大：

「哥哥，你有沒有發現什麼玩具沒有收好？」

當然更好的做法是，玩具有固定擺放位置，爸爸媽媽可以拍照，之後請孩子收玩具時，不要說「快來收玩具」，而是跟他說：

「快來玩找碴遊戲，看看現在的樣子和照片有哪些不同，要把東西擺成和照片中一樣，才能算贏。」這樣孩子會玩得很起勁，**一方面訓練到警覺的能力，一方面又把玩具收好了，一舉兩得。**

如果帶孩子到賣場，也可以去看看賣場的平面圖，請孩子幫忙找你們要去的店家在什麼地方。甚至爸爸媽媽還可以跟孩子比賽，看誰先找到那家店，成年人還不見得會贏孩子呢！

像我開車載老大時，他常會嚷嚷：「爸爸，有警車。」我有的時候要找很久，才會發現他說的警車在哪，有些真的跟我們的車子距離很遠。甚至有一次，他只是看到貨車上面小小的 IKEA 圖案，就跟我說：「爸比，你看有 IKEA 的貨車。」

社交版【變臉找碴遊戲】

察言觀色本事可從觀察人物表情和動作培養

最適合訓練：警覺能力、社交力
基本玩法：用有人物表情變化的圖片來找碴
難易度：●●○

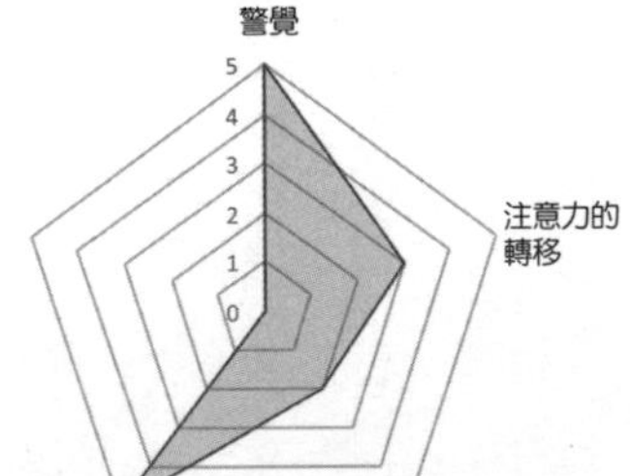

找碴遊戲真的很好玩又好用，而且如果細心規劃，把改變的元素換成與社交相關，除了能提升孩子的注意力，還可以提高社交能力。

方法很簡單，我們可以挑一些有「人物表情變化」的圖片，鼓勵孩子試著發覺這些表情的不同。這麼做，可以訓練他們從小就會察言觀色——注意，在這裡的察言觀色可不是貶義的哦！而是讓孩子從小懂得觀察周遭的人，是否有表情改變的狀況。

因為，**越能夠察覺別人情緒改變的孩子，也越能夠做出合宜的舉動。**比方說，看到別人難過了，會懂得去安慰或陪伴；看到爸爸媽媽生氣了，就懂得要保持安靜，不要亂吵鬧。

像我跟老大玩這種【變臉找碴遊戲】時，我就會問他：

「為什麼圖片中的人物表情改變了？」

如果是從快樂變成難過，我會接著問他：

「你覺得有什麼方式可以讓這個人快樂起來？」

除了「表情」之外，我們還可以運用其他跟社交有關係的改變，例如圖片中人物的「動作」。

舉例來說，有一張圖片上排了一條長長的人龍，每個人都在耐心排隊，另一張排隊圖中卻有個人想偷偷往前插隊。看到這種畫面，也可以用來提點孩子，我們該做怎麼樣的行為，才符合社會常規。

記憶版【回想找碴遊戲】

用眼睛看，用腦子記，用心程度無所遁形

最適合訓練：警覺能力、記憶力
基本玩法：憑記憶指出一張圖片修改前後的變化
難易度：●●●

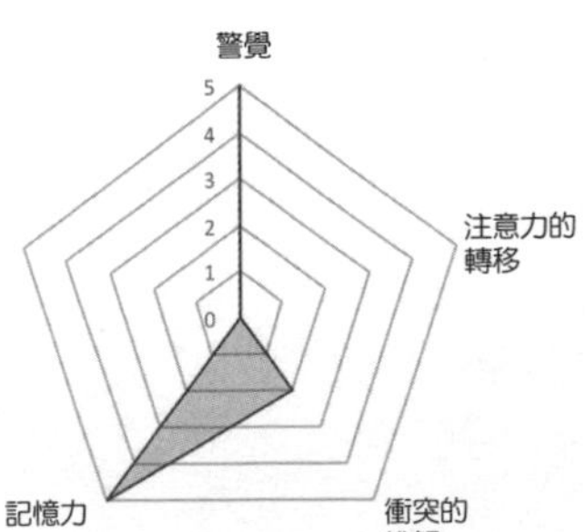

找碴遊戲同樣可以延伸出記憶力。在孩子看完一張圖片，記下畫面之後，把一些部分做些修改，考察孩子是不是真的有仔細看。

這個玩法有點類似【回想照鏡子】，但不是要求孩子做出同樣的動作，而是找出眼前看到的圖片，和之前所看到的圖片，有哪些部分不同。如果圖片中有很多東西，難度會非常高。

此外，也可以融入社交的改變元素——人物的表情或動作，同時間提升孩子的社交能力。

【找碴遊戲】為什麼能夠提升孩子的警覺能力呢？

警覺能力最重要的展現就是要能夠即時察覺改變，找碴遊戲就是一個需要即時察覺改變的遊戲，而且透過遊戲的設計與安排，也能讓孩子知道平時觀察事物的時候，有哪些細節是需要注意的。

另外，除非有改變的東西距離非常近，要能夠察覺改變，也跟孩子的短期記憶有關係。所以，如果你的孩子在找碴遊戲上表現不好，也有可能是短期記憶比較差，要想辦法引導孩子如何有效率地把東西記下來。

遊戲小筆記

低難度：不同的東西是很明顯的改變

中難度：不同的東西是有物品對調位置或有多個改變

高難度：不同的東西是有細微差異

延伸玩法：

- 可以使用跟社交有關係的素材做一些改變，訓練孩子的社交敏感度。
- 可以讓孩子看完一張圖之後，就把圖片收起來，拿出另外改過的圖片，請孩子找出有哪些地方不同。

做法三

心臟病

正規版【心臟病】

考驗反應的快慢，要快狠準才會贏

最適合訓練：警覺能力、衝突排解能力

基本玩法：翻出的牌和依序念出的數字相同，就要拍這張卡牌

難易度：由低到高，隨孩子的年齡調整

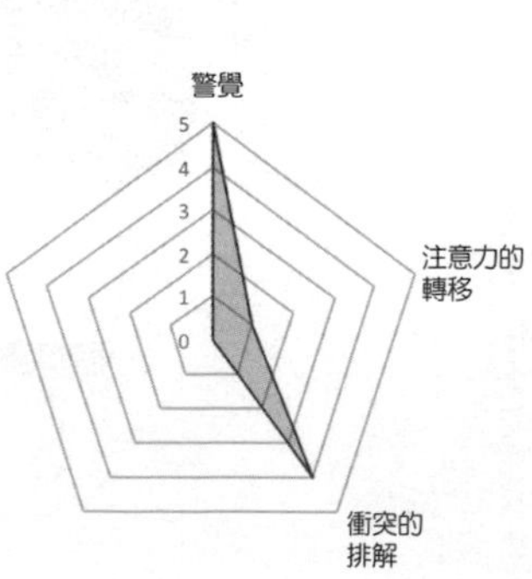

大家千萬不要被「心臟病」這名字給嚇到了，其實是因為玩這個遊戲的時候，很緊張，就像心臟要跳出來一樣，所以叫做【心臟病】。使用道具很簡單，只要準備一副撲克牌，幾個人玩都可以，越多人玩會越刺激。

在這個遊戲中，每個人要從一疊撲克牌中翻出一張牌，同時間必須照順序念一、二、三、四……十三，例如我是第一個拿牌的，翻牌時就要念「一」，老大第二個拿牌，要念「二」，如果念出來的數字和卡牌上面數字一樣，大家就要用手去拍那張卡牌，最先拍到的人，可以拿走桌面上已經翻開的卡牌。玩到最後，看誰面前累積的卡牌最多，就是獲勝者。

因為撲克牌數字只有到十三，一旦念到十三之後，下一個人就要再從一開始念。所以，在玩這個遊戲時，玩家需要時時保持警覺，比較聽到和看到的訊息是否相符合。

〔三歲以下〕慢速－數到三輪念　難易度：●○○

跟三歲以下的孩子玩心臟病遊戲，只要用一至三，各圖形準備三張卡牌，然後跟孩子輪流翻牌，如果念的數字和牌面上的圖形數量一樣，大家就要用手去拍那張卡牌。玩完一輪，如果沒有分出勝負的話，就再重新來一次。每次都提醒孩子，規則是什麼，並且在需要拍卡牌的時候引導孩子。

〔三至六歲〕中速－數到五輪念　難易度：●●○

針對三至六歲的孩子，如果玩得比較順手了，就可以把數字增加到五，也不要每次都提醒孩子該

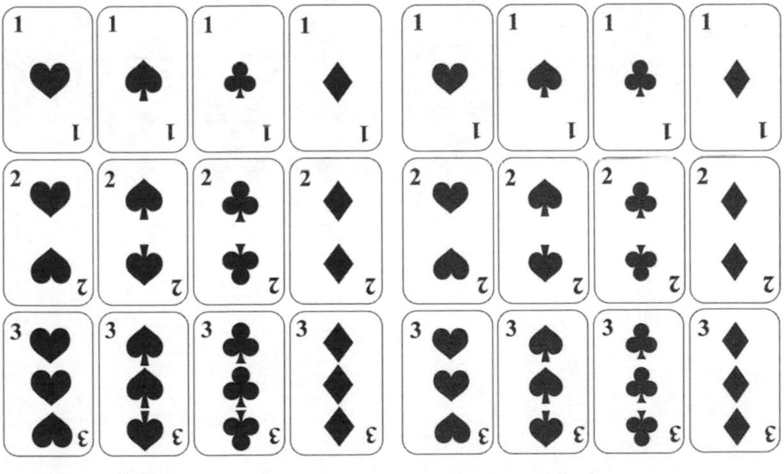

做什麼事情。但是，速度還是先不要太快，別讓孩子因為動作慢，而產生挫折感。

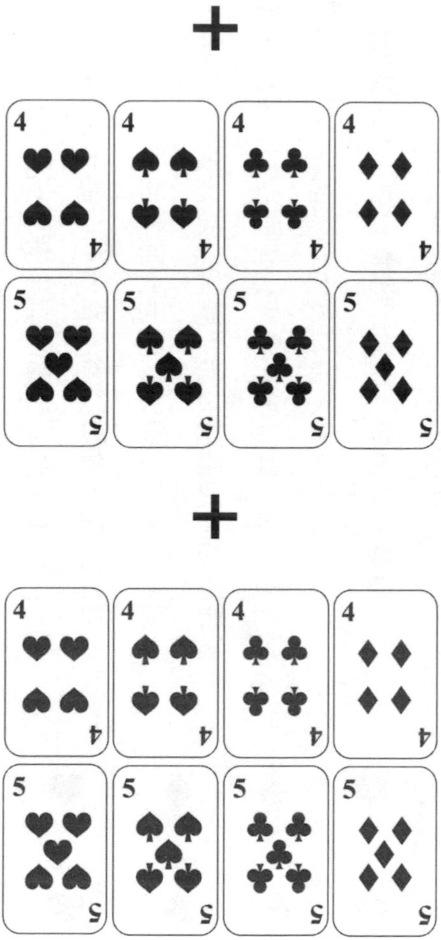

〔六歲以上〕快速一數到十三輪念　難易度：●●●

針對六歲以上的孩子，就可以拿一整副撲克牌來玩，並且不用刻意放慢速度，增加遊戲的難度。

延伸版【算數心臟病】

不純粹心臟病，加入數學元素更刺激

最適合訓練：警覺能力、衝突排解能力、數學力

基本玩法：心臟病的玩法結合數學運算

難易度：●●●

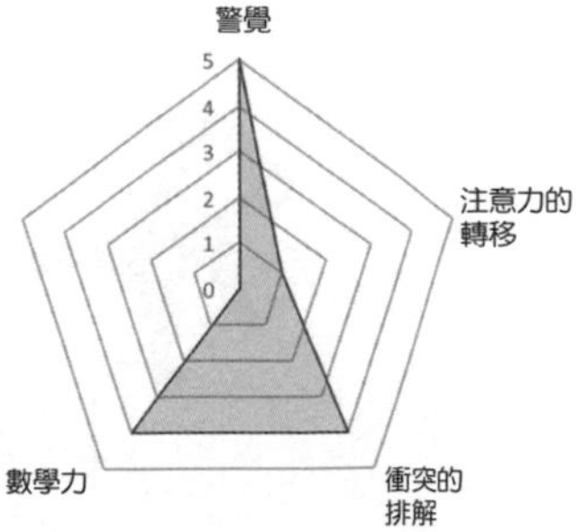

既然叫做【算數心臟病】，顧名思義就是要加入數學的元素。

它可以有很多種不同玩法，基本的玩法同正規版心臟病，但要加入額外規則，必須是跟數學運算有關係，例如卡牌數字（5）和念出來的數字（2）差三，就要拍卡牌。

除了心臟病原本的規則之外，你也可以再加入一個規則，像是前後兩張卡牌之間的差是二（例如我翻到5，老大翻到3），先拍手的人可以得到額外的分數。

〔**大補帖**〕相關桌遊介紹——德國心臟病

有一款桌遊「德國心臟病」是用畫有不同水果的卡牌來玩的，也可以找來跟孩子

玩。遊戲中，如果檯面上的卡牌水果總數加起來是五，玩家就要去搶按鈴，先按到鈴的人就贏得那一局。這樣的玩法，除了可以訓練孩子的警覺力，也訓練了孩子的數學加法。

事實上，「德國心臟病」這款遊戲還有很多延伸性的玩法，例如加入動物角色：愛吃香蕉的猴子等等。同樣提升孩子需要警覺的程度，又加入了規則的學習及應用，對孩子來說是不錯的訓練。

【心臟病】遊戲為什麼能夠提升孩子的警覺能力呢？

雖然心臟病也是一個察覺改變的遊戲，但它和照鏡子、找碴遊戲不同，因為有更大的時間壓力，必須即時做出反應。

心臟病也涉及了內部與外部訊息的比對——一個數字是自己念出來的，一個是卡牌上面顯示的。內外訊息的整合，對孩子來說是比較有挑戰性的，爸爸媽媽在跟他們玩的時候，剛開始速度可以放慢，並確認孩子真的有搞懂遊戲規則。

在真實生活中，內外部訊息的比對，其實是更重要的。如果你這方面的能力不好，可能連家裡遭小偷，或是桌上的東西有被動過，都不會察覺到。現代人使用的手機應用程式常常會做小改版，有些是涉及選項位置的改變，你若沒有察覺，可能就會犯下嚴重的錯誤。

另外，未來人工智慧會幫我們處理更多事情，若我們完全信賴機器，沒有保持一點警覺，也可能會因為機器出差錯，造成不可彌補的錯誤。

遊戲小筆記

低難度：速度很慢，每次都要引導孩子做判斷

中難度：速度慢，只在需要反應而孩子沒有反應時，適時引導

高難度：一般速度，且不引導

延伸玩法：

- 可以另外設定一個規則，像是需要判斷數字之間的差，就可以額外訓練孩子的數學能力。

第六章：如何提升注意力的轉移能力

如果你跟一位有心理學背景的人討論注意力，他肯定會想到「注意力的轉移」。事實上，我們在生活中就是不停地在進行注意力的轉移。

為什麼會這樣說呢？

就拿看東西為例，我們看到的其實不是一個連續的畫面，而是一連串快速呈現的照片，而且每張照片聚焦的位置都不一樣。

因為我們的大腦很懶惰，如果眼球一直盯著同一個位置看，它馬上就會停止運作，感覺眼前一片黑。只是大多數時候，每一張照片聚焦位置不會距離太遠，特別是當你在一個熟悉的環境下。

但是，我必須告訴大家，即使聚焦了，我們的注意力其實還是很不牢靠的。心理學家雷諾·雷辛克（Ronald Rensink）就曾做過一個很經典的實驗，他讓實驗者在街頭跟路人問路，在問路的過程中，另外安排幾個人抬著一塊大木板從他們中間走過去，而這時原本問路的實驗者會跟著木板離開，由另一個新的實驗者留下來繼續問路。大概有七成的路人，基本上都沒有發現問路的換了一個人！

你會覺得很意外，但這就是注意力的天性。

你想想，如果有人跟你問路時，你會特別去看他的長相嗎？

你應該是聚焦在這個人要問路的住址之類的，然後可能會在他手中的地圖上做記號，或者是指向某個方位，告訴他要往哪邊走。在這樣的狀況下，我們的注意力鮮少會放在問路的這個人臉上，自然就不會察覺其實已經換人了。這個現象，也展現了警覺力不足的狀況。

同樣的，當有人目睹兇殺案的現場，多數的注意力都會停留在武器上，鮮少有人有機會注意到兇手的樣貌。也因為目擊證人的證詞太常出錯，一些國家的政府已經不再單純採納目擊證人的證詞了。這個現象在心理學當中稱為「武器聚焦」（weapon focus），也就是人們會很不理性的把注意力集中在武器上，而沒有辦法轉移注意力到其他的人事物上。

或許我們不是每天在路上都會遇到兇殺案，但以下的情形你肯定遇過——看到同一個手機廣告看板，結果你和朋友關注的焦點完全不同，你看到的是代言人的帥氣，朋友看到的是手機的性能。不過，廣告商也很聰明，會讓產品或主要訴求盡可能靠近代言人的臉，以確保你能夠一次把所有他們希望你注意的資訊都吸收了。

除了注意對的事物之外，掌握對的時間點也很重要。就像你跟朋友約了一個時間要見面，你如果在約定的半小時前就在那邊左顧右盼，大概是浪費自己的時間；如果你錯過了一小時，還在那邊找朋友，同樣也是浪費時間。這兩個狀況有點極端，但我要強調的是，**我們在對的時間，把焦點放在對的事物上是非常重要的**。

在這個訊息量極大，並且稍縱即逝的年代，掌握對的時間點非常重要。你可能在臉書幫很多粉絲專頁按讚，或是加入了很多LINE群組，你有沒有發現，他們都喜歡在早上八、九點發文，原因就是這些時間點是你最常會打開社交軟體的時候，也是最有可能會看到資訊的時間點。

提升注意力轉移能力的準則

上一個部分，我介紹了什麼是注意力的轉移，以及它的重要性。爸爸媽媽可能會開始擔心，孩子注意力跳來跳去的，真的不會讓他們更容易分心嗎？針對這樣的擔心，我有兩個說明：

(1)注意力本來就是需要可以轉移的，能夠順暢的調整自己專注的事物，才是好的注意力展現。
(2)訓練孩子轉移注意力和分心是不同的事情。

注意力的轉移，是主動的把注意力焦點從一個東西轉換到另一個東西上；而分心則是孩子因為其他東西的干擾，而被動的將注意力的焦點放在那個東西上。

那麼要提升孩子注意力轉移能力，需要注意哪些事情呢？

❶在對的時間，注意對的事物

❷訓練的時候，要掌握適當的節奏

做法一 找座位

正規版【找座位】

訓練注意力就像玩不連線的賓果遊戲
最適合訓練：注意力轉移能力
基本玩法：在紙上畫格子填數字，隨便叫號讓孩子找出來
難易度：由低到高，隨孩子的年齡調整

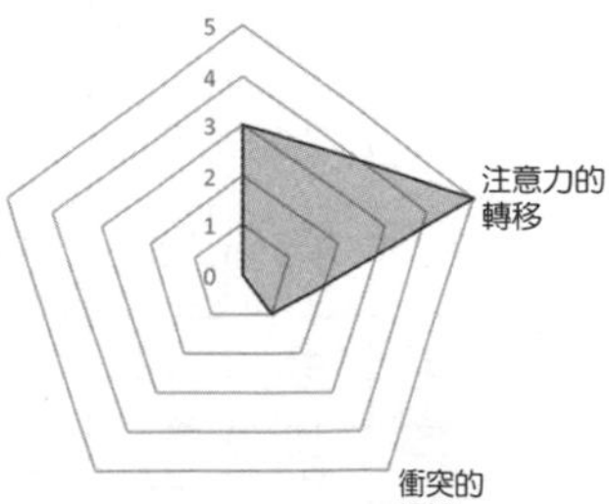

玩找座位遊戲，要準備東西很簡單，只要一張白紙，畫上10×10共一百個格子，然後準備一些棋子，或者其他能代替棋子的小物品，待會兒要放到小格子中。

【三至六歲】不限時找指定的位置　難易度：●○○

先說最簡單的玩法：數字可以照順序寫（參考一二〇頁上方圖示），1在左上角、100在右下角。數字寫完之後，爸爸媽媽就可以像叫號一樣，隨機喊數字，請孩子把棋子放到指定位置上。例如，喊「十三、十九、九十五、四十八」等等。

【三至六歲】在時間內找指定位置　難易度：●●○

基本上玩法和低難度的一樣，但是加上時間限制，讓孩子有壓力要早點找到該找的

1	2	3	4	5	6	7	8	9	10
11	12	13	14	15	16	17	18	19	20
21	22	23	24	25	26	27	28	29	30
31	32	33	34	35	36	37	38	39	40
41	42	43	44	45	46	47	48	49	50
51	52	53	54	55	56	57	58	59	60
61	62	63	64	65	66	67	68	69	70
71	72	72	74	75	76	77	78	79	80
81	82	83	84	85	86	87	88	89	90
91	92	93	94	95	96	97	98	99	100

19	87	62	88	21	94	75	86	8	36
57	76	7	48	93	20	35	37	91	28
73	59	34	47	77	58	97	70	3	61
11	83	13	92	16	33	80	98	96	53
82	12	39	51	44	84	22	100	27	90
49	72	2	17	32	14	89	52	99	15
31	24	50	43	74	38	1	95	78	65
66	81	6	85	10	64	26	79	4	40
9	45	42	71	25	18	41	67	5	54
56	63	23	55	60	46	29	68	69	30

數字。

★以上兩種玩法，若孩子對於數字還不是很熟悉，也可以像下面這張圖示，改成各種不同顏色的圓點貼紙，要求孩子找出那些不同顏色的貼紙。

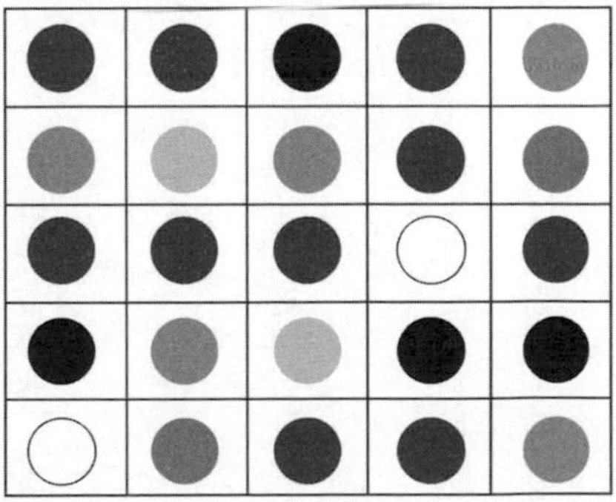

〔六歲以上〕打散座號找指定位置　難易度：●●●

相較於低難度和中難度，格子裡的數字是照順序寫，在高難度玩法中，你可以把數字打散，任意將數字寫在格子內（參考一二〇頁下方圖示）。這樣的玩法，特別適合用來做注意力轉移的訓練，因為數字排列沒有規律，孩子在找的時候要特別費力。

延伸版【數學找座位】

融入九九乘法，讓孩子快樂學數學

最適合訓練：注意力轉移能力、數學力

基本玩法：在念要孩子找的數字時增加數學的元素

難易度：●●●

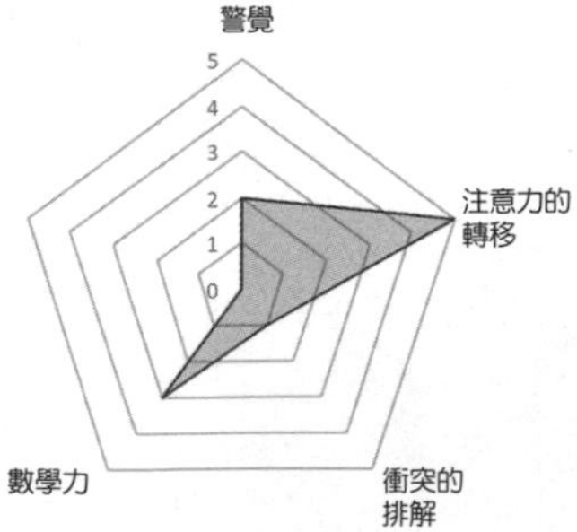

玩法跟正規版相同，只是爸爸媽媽在念要孩子找的數字時，可以照順序念偶數，或是都念某個數字的倍數，把數學的元素放進去。

像我有一次帶老大玩這個遊戲，在念數字的時候，故意都念八的倍數，「八。十六。二十四。三十二。四十……」老大剛開始沒有察覺這規律，擺放棋子的速度就比較慢。後來他發現了，還會打趣說：「爸爸，我知道你下一個要念什麼數字。」

當你跟孩子玩的時候，如果孩子一時沒有察覺規律，玩到一個段落，你可以直接跟他說：「你沒有發現啊！爸爸其實是用九九乘法的規則在念數字。」用這樣的方式，可以讓孩子快樂的學習九九乘法表。

校正版【大眼睛找座位】

擴大視野點線面，改善孩子的壞習慣

最適合訓練：注意力轉移能力

基本玩法：觀察孩子注意的點，念不同區域的數字讓他們去找

難易度：●●○

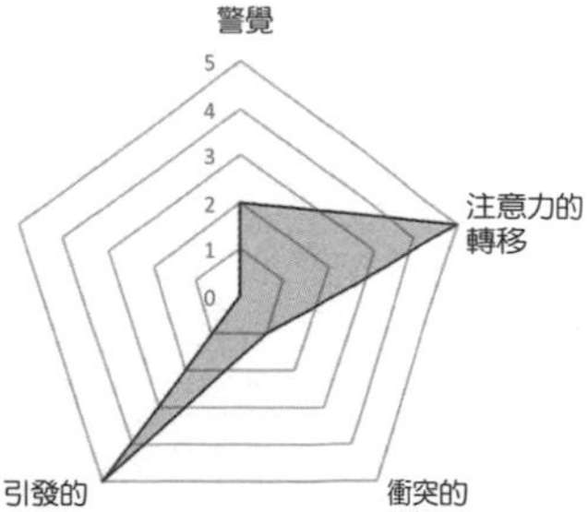

不管是簡單玩法或是像高難度的大風吹，我們都可以用來引導孩子，調整他們該注意的範圍。重點是要根據孩子訊息處理的壞習慣來做安排，像是喜歡看畫面中央的，爸媽就故意念四周圍的數字，引導孩子去注意平時不會注意的區域。

例如，我們希望孩子不要老盯著中央看，也要看看周邊的東西，就可以故意念號碼在周邊的數字，訓練他們要留意周邊的東西。如果孩子喜歡看左邊，不看右邊，那就故意多念一些號碼在右邊的數字。透過這樣的遊戲方式，讓孩子去調整自己注意的範圍，是一個很好的做法。

【找座位】遊戲為什麼能夠提升孩子注意力的轉移能力呢？

找座位遊戲基本上就是要移動注意力，所以對孩子注意力的轉移是很好的訓練。這和由上而下的注意力運作特別有關係，也就是跟主動的注意力運作有關，很適合小小孩做練習。

如果孩子在玩找座位時表現得不錯，還可以加入一些干擾物，透過由下而上的注意力運作，來對孩子由上而下的注意力運作造成影響，對他們也是很好的磨練。

遊戲小筆記

低難度：不限時，數字排列是照順序的

中難度：限時，數字排列也是照順序的

高難度：限時，數字排列不是照順序的

延伸玩法：

- 可以故意讓需要找的數字有一些規律性，像是都可以是某個數字的倍數，藉此訓練孩子熟悉九九乘法。

做法二 連連看

正規版【連連看】

傳統有傳統的好，可連成圖，還附帶練習功能

最適合訓練：注意力轉移能力

基本玩法：照數字順序連出隱藏的圖案

難易度：●○○

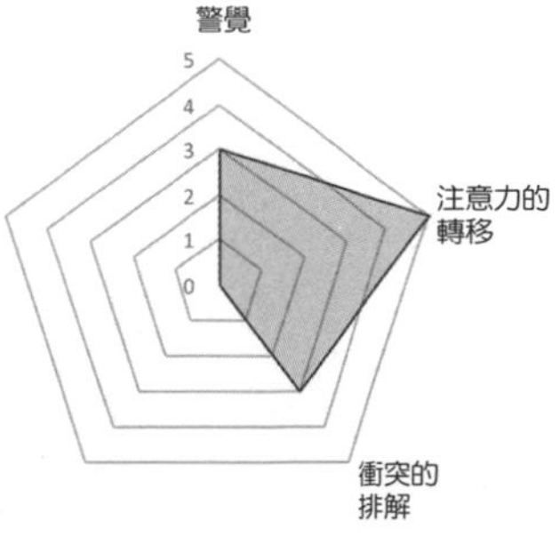

【連連看】是大家都知道的任務，或許稱不上遊戲，但它確實對訓練孩子注意力的轉移很有幫助。

如果家中孩子已經認識數字，找一些傳統的連連看題目，引導孩子照順序把數字連起來，或者猜猜連成的圖案會是什麼，利用這個當線索，找到下一個數字可能在什麼位置，對他們來說是很不錯的練習。

但是，如果只用傳統的連連看來玩，那就太沒意思了，所以我接下來要跟大家介紹一些別的玩法。

撲克版【卡牌連連看】

撲克牌玩法變化多，一副在手樂趣無窮

最適合訓練：注意力轉移能力、衝突排解能力

基本玩法：以卡牌數字、花色、圖形排順序，先完成是贏家

難易度：由低到高，隨孩子的年齡調整

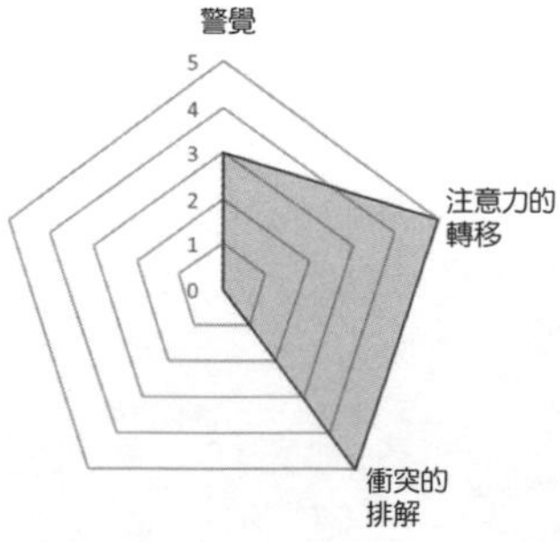

家裡如果沒有現成可連出圖形的傳統連連看，爸爸媽媽也可以用撲克牌當遊戲素材，拿來跟孩子玩【卡牌連連看】，一樣有很好的練習效果，而且還可以變化難易度。

〔三歲以下〕不同花色排順序　難易度：●○○

看有幾個人玩，就選幾個花色的撲克牌來當作素材。假設是你一個人跟孩子玩，就選擇紅心、黑桃這兩種花色，然後把卡牌隨機放在桌上，你跟孩子一人選擇一種花色，看看誰能把這個花色的牌照著順序都找到，先完成的人就贏了。

〔三至六歲〕同一花色排順序　難易度：●●○

如果孩子玩得比較熟練了，還可以選擇都是紅色的花色，增加遊戲難度，讓孩子不

能僅靠顏色就找到下一張卡牌。

〔六歲以上〕跳著花色排順序　難易度：●●●

還有一個延伸性的玩法，同時間可以訓練孩子衝突排解的能力。這個玩法呢，就是在玩的過程中，相連的數字不可以是同一花色。例如，你從紅心1開始找，下一張要拿的牌就是黑桃2，再接下來一張是紅心3，以此類推（如下方圖示）。

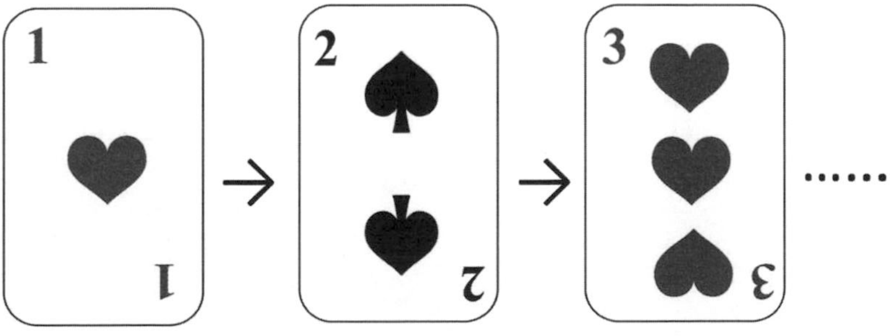

幼幼版【積木連連看】

不認識數字的幼兒，也能用積木玩出一片天

最適合訓練：注意力轉移能力

基本玩法：請孩子依顏色或形狀找出符合指令的積木

難易度：●○○

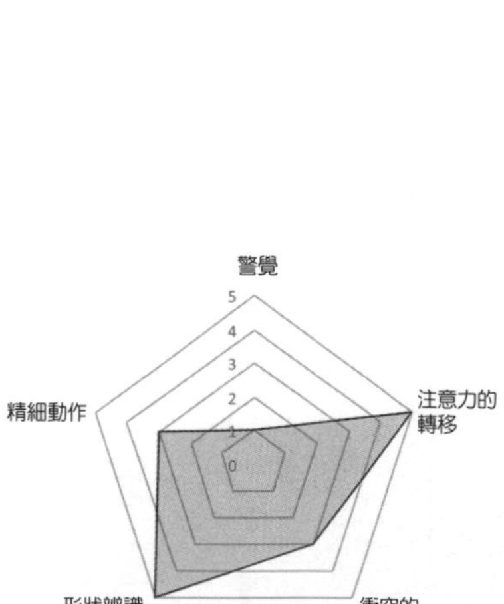

如果孩子還不懂數字，怎麼辦？沒問題，也可以利用不同顏色的積木來玩【積木連連看】喔！

你可以修改一下規則，在桌面或是地面擺放很多不同顏色、形狀的積木，然後請孩子找出所有紅色的積木，或是找出所有立方體。

當孩子玩得比較熟練時，還可以要求他拿出複合性屬性的積木，比如紅色立方體；或是要求孩子照一個特定順序拿積木，像是先拿立方體、圓柱體，再拿三角錐體。

物品版【接龍連連看】

走到哪玩到哪，百分之百就地取材

最適合訓練：注意力轉移能力、語文能力

基本玩法：根據物品的顏色或功能屬性找下一個物品

難易度：●●●

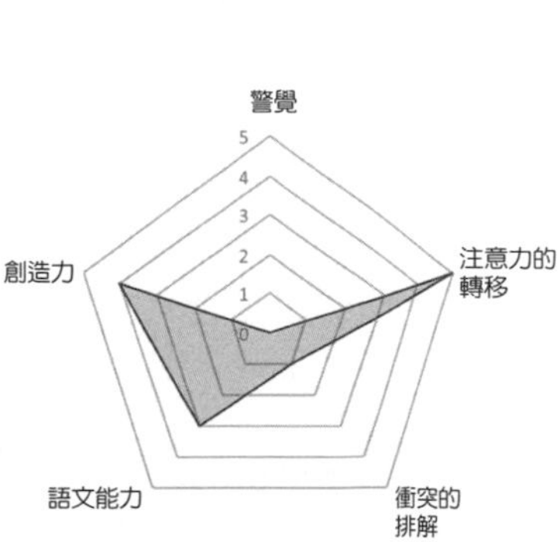

連連看其實有很多的延伸性，誰說一定要照數字連，根據物品屬性玩物品接龍，也可以來連連看。

這個【接龍連連看】的玩法，是讓爸爸媽媽跟孩子利用家中的物品來接龍，你們可以根據物品名稱，或是物品的顏色來找下一個物品。例如，從白色的「抱枕」開始，接著可以找同樣是白色的「杯子」、「碗」；或者是找不同顏色的「枕頭」。用這樣的方式，還可以提升孩子的語文能力，是一種相當有意思的玩法。

除了在家裡可以玩這個物品接龍，也可以帶著孩子到戶外去玩，那麼就會更有意思了。

〔大補帖〕相關遊戲介紹——迷宮、爬梯遊戲和威利在哪裡

迷宮、爬梯遊戲和威利在哪裡也都是運用類似連連看的概念。

「迷宮」大家比較熟悉，就是要孩子從起點走到終點，這也涉及到注意力轉移的訓練。可以從簡單的迷宮開始玩，逐步增加難度。除了透過**迷宮的複雜程度**增加難度之外，也可以用**限制時間**來提高遊戲難度。

「爬梯」其實也是很類似的遊戲，一般是用在要隨機配對的時候，規則就是每碰到交叉，就要轉彎。可以在樓梯的一端設置人物，另一端設置動物，問孩子誰會拿到哪一隻動物。

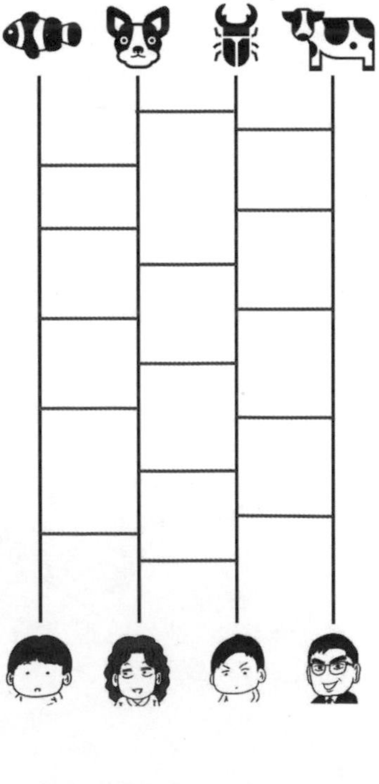

「威利在哪裡」很明顯就是要孩子找一個特定的目標，只是圖片中通常很多和威利長得很像的人，所以注意力也必須一直轉移。

【連連看】遊戲為什麼能夠提升孩子注意力的轉移能力呢？

連連看和找座位都是很典型的注意力轉移任務，不過兩者又有些不同，玩連連看的主動性比較多，因為孩子必須要主動思考下一個要找的數字是什麼，難度會比找座位更高一些。

另外，如果連連看是會連成有意義的東西時，孩子可以透過猜測這個東西是什麼，找到下一個數字在哪邊。雖然這樣做會降低對注意力的涉入程度，但也不是一件壞事，因為這表示孩子有更宏觀且主動的心智運作。

你也可以鼓勵孩子用「猜測下一個數字在哪裡」的策略，進行連連看的任務，這樣也會間接訓練他們彈性問題解決的能力，對孩子的未來也相當有幫助。

遊戲小筆記

低難度：單一面向，照順序連連看

中難度：單一面向，但是有相似的干擾物，照順序連連看

高難度：數字要照順序連，但是鄰近數字必須有不同的屬性

延伸玩法：

- 可以用積木取代數字，同時訓練孩子對於形狀的處理。
- 可以用找物品取代找數字，同時訓練孩子的創造力。

做法三

猜猜骰子在哪

正規版【猜猜骰子在哪】

杯子和骰子是訓練注意力的好素材

最適合訓練：注意力轉移能力

基本玩法：手法快速的移動杯子，停下後讓孩子猜骰子在哪

難易度：由低到高，隨孩子的年齡調整

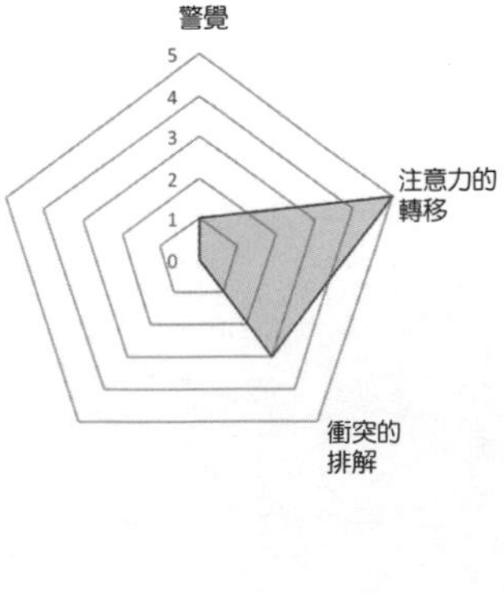

這個遊戲相信在電影中常看到，用的道具是三個不透明杯子和一顆骰子。操作時先把杯子倒扣在桌上，其中一個裡面放了骰子，然後快速移動這些杯子，請孩子注意看杯子位置的移動，最後讓他猜骰子在哪個杯子。

一般來說，猜骰子雖然多半用於博弈，但只要做一些轉變，也可以拿來訓練孩子的注意力轉移能力。

〔三歲以下〕放慢移動杯子的速度　難易度：●○○

首先，移動的速度不要太快，確認孩子的視線有跟上，並且從兩個杯子開始。只要速度夠慢，三歲以下的孩子也可以玩這個遊戲。

〔**三至六歲**〕加快移動杯子的速度　難易度：●●○

循序漸進，針對三至六歲的孩子，可以逐步挑戰更困難的版本，加快杯子位置移動的速度，同時將杯子增加到三個。

〔**六歲以上**〕杯子和骰子各加一個　難易度：●●●

針對六歲以上的孩子，可以再稍微提高難度，把杯子增加到四個，並且多加一顆骰子，讓孩子必須同時間追蹤兩顆骰子的位置。

光筆版【猜猜骰子在哪】

純淨的眼與光同行，專注最後落點誰家

最適合訓練：注意力轉移能力
基本玩法：盯著光筆的移動點，看最終落在哪個圖案上
難易度：由低到高，隨孩子的年齡調整

有一個變形的玩法，就是我們一直都讓孩子看得到東西，只是孩子需要把視線持續放在這個東西上面。

你可以準備一張有很多圖案的投影片（參考左頁上圖），還有用來顯示移動軌跡的光筆。在陰暗的地方，利用光筆在牆上移動位置，請孩子把視線跟著光筆的點移動，在光筆關閉後，再讓孩子指出剛剛光筆最後出現的位置在哪裡？

〔三歲以下〕一支光筆一個移動點　難易度：●○○

先從一支光筆開始，用光筆投射一個點在圖片上，慢慢移動這個點，然後請孩子告訴你點最後停在哪個位置。

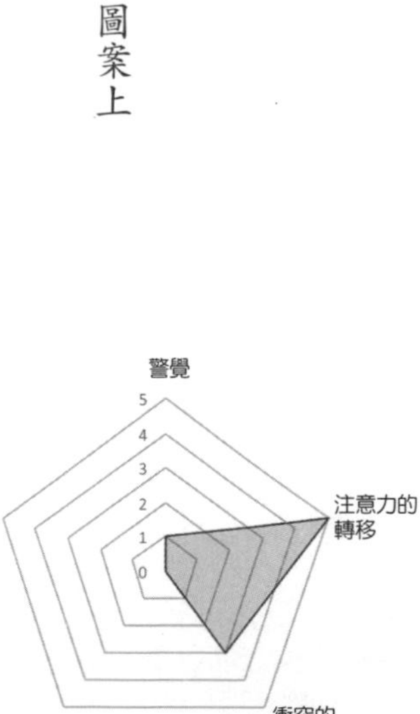

〔三至六歲〕兩支不同色光筆一個移動點　難易度：●●○

一旦孩子熟悉了之後，就可以準備兩隻顏色不同的光筆，用不同的軌跡移動，但孩子只需要注意其中一個顏色光點的移動（參考一三九頁下方圖示）。

〔六歲以上〕兩支同顏色光筆一個移動點　難易度：●●●

更進階的玩法，就是同時間用兩個同樣顏色的光筆，請孩子注意其中一個光點的移動。

【猜猜骰子在哪】為什麼能夠提升孩子注意力的轉移能力呢？

這個遊戲同樣是需要孩子移動自己的注意力，只是要求更強的主動性，而且有比較大的時間壓力。

同時，猜骰子在哪裡這個任務，也會訓練到孩子衝突的排解能力，因為孩子若不能排除其他杯子位置移動的影響，就會很容易把注意力放在錯誤的地方，沒有辦法找到骰子的正確位置。

另外，要能夠成功找到骰子在哪裡，可以採用不同的策略，像是盯著手看，盯著杯子看，或是用聽聲音的方式來做判斷。爸爸媽媽可以鼓勵孩子嘗試不同的方式，看看哪一種方式是自己最喜歡的。

有時候也可以讓孩子負責移動杯子，然後讓家長來猜骰子在哪，對孩子的手眼協調會是很有挑戰性的任務，就跟現在小學生玩疊杯有異曲同工之妙。

遊戲小筆記

低難度：慢速移動，確保孩子一定可以看到

中難度：加快速度，稍微超越孩子的極限

高難度：增加到四個杯子，並且增加骰子的數量

延伸玩法：

- 可以要求孩子同時間追蹤兩個不同的東西。

第七章：如何提升衝突的排解能力

在第一章我提到，對於受過心理學訓練的人來說，注意力的轉移最像是「注意力」；不過對爸爸媽媽來說，一個能夠專心寫作業、專心上課的孩子，才是注意力運作優良的孩子。能夠排除干擾、專心做事情，確實也是注意力運作重要的一環，但其實不論是警覺、注意力的轉移或是衝突的排解能力，都是注意力的展現，只是分別展現了注意力的不同樣貌。

衝突的排解，不僅和注意力有關係，和執行功能也是有關聯性的。

「執行功能」之於孩子，就相當於CPU之於電腦，換個更白話一點的說法，執行功能就像是大腦的小總管一樣。衝突的排解只是執行功能當中一個部分，其他還有規劃和決策判斷等等，都是執行功能的範疇。

至於衝突排解的重要性，實在不需要我多說，在前面的章節我也提到了。很多孩子看起來有衝突排解的困難，實際上是因為爸爸媽媽以為的「干擾」，是孩子想要注意的東西；但其實爸爸媽媽想要孩子注意的東西，才是所謂的干擾。所以，孩子不是衝突排解能力不好，而是對於爸媽認為該注意的東西不感興趣。

問題的關鍵，可能並不是孩子衝突排解的能力不佳，而是和爸爸媽媽對於「干擾」的定義有所不同。

提升衝突排解能力的準則

衝突排解能力和孩子額葉發育的程度有極高度的相關，所以，一般來說年紀太小的孩子是很難做訓練的。爸爸媽媽與其逼著自己孩子訓練，建議不如從減少干擾，以及提升孩子的興趣著手。

以下彙整兩個基本原則，提供給大家參考：

❶ 循序漸進，從訓練抑制簡單、強度弱的刺激開始做起

❷ 提升孩子對於「非干擾」事物的興趣

做法一

拆解任務

正規版【拆解任務】

幫孩子拆解任務，降低可能的衝突影響
最適合訓練：衝突排解能力
基本玩法：化繁為簡，一次完成一個動作
難易度：●●○

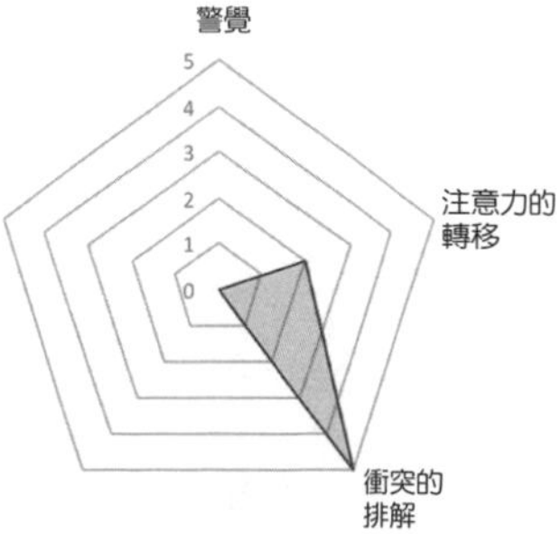

把複雜的任務拆解為簡單的動作，透過一次完成一個簡單的動作，避免受到干擾以及挫折。例如，請老大幫忙拿背包裡的行動電源給我，我一定不會直接跟他說：

「幫我拿背包裡面的行動電源。」

因為這件事情包含好幾個部分：第一、老大要先找到我的背包；第二、我要告訴老大行動電源在哪裡。看似簡單，其實並不容易。如果要老大打開我的背包，他可能會看到別的東西就分心，忘記要幫我拿行動電源。所以我的做法是，先請他拿背包給我，若是我當時沒有手可以自己找行動電源，我會在他把背包拿過來之後，再跟他說：

「你現在打開前面的口袋，行動電源就在裡面。」

在日常生活中，我們也可以利用一些機會來訓練孩子「拆解任務」。像是不少幼兒園或小學，會貼一張圖片在洗手台水龍頭旁邊，描述整個洗手的過程：①打開水龍頭➞②將手打濕➞③搓一搓肥皂➞④沖掉泡沫➞⑤把手擦乾——用這種方式，把複雜的「洗手任務」拆解成具體的步驟和動作，幫助孩子完成「洗手」這個任務（或說行動）。

又比如，家裡包水餃的時候。如果孩子覺得步驟複雜，或者包得不好，被長輩嘲笑，自然體會不到箇中樂趣，就會開始拿麵粉來玩。遇到這種情況，我們就可以引導孩子，把「包水餃」拆解為四個步驟：①拿起一張水餃皮➞②在水餃皮的邊邊抹上一點水➞③加上餡料➞④把水餃皮黏在一起——一步一步引導孩子去做，一旦孩子習慣這樣的步驟，他就可以更快速、也更順暢地包水餃了。

拆解任務，說穿了，其實是為了讓孩子在注意力還不成熟的狀態下，可以挑戰比較難的任務。透過信心的建立，讓孩子的注意力可以發展得更好、更棒。不過，還是有兩點要注意：

第一、「幫助孩子拆解任務」只是一個必經階段，更重要的是：在執行任務之前，要讓孩子對完整的任務有所了解，並且意識到，現在只是讓他一次完成一個步驟，以後還是要獨立完成整個任務的。

第二、「拆解任務」不只對孩子是很重要的訓練，對於成年人也是一個很好的訓練。很多時候我們面對老闆突然交付的任務，都會覺得「這麼大的工程，根本不可能完成」，但是只要善用拆解任務的做法，就會發現事情其實沒有自己想的那麼難，而且還可能會想到一些有創意的解決方法。

【拆解任務】為什麼能夠提升孩子衝突的排解能力呢？

嚴格來說，拆解任務並不會直接提升孩子衝突排解的能力，但是因為當任務沒有拆解的時候，孩子會容易感覺任務太難而受到挫折、不願意專注在這個任務上，導致沒辦法把事情做好。若從結果論，因為任務被拆解了，孩子比較快速地完成，也可以視作是衝突排解能力比較好所導致的後果。所以，透過拆解任務，把事情拆成一個一個簡單的動作，降低孩子面對衝突的可能性，間接讓他們可以完成任務，對孩子來說也是很好的訓練。

很多成年人有拖延症，部分的原因也和任務太困難有關係，會遲遲不願意去面對，即便在做的時候，也會因不夠投入而容易分心。在這樣的狀況下，也可以利用把任務拆解，讓自己更容易專注在任務上，提升完成任務的效率。

所以，回歸到孩子的注意力訓練。

拆解任務，不但可以幫助孩子高效完成當下的任務，還可以讓他們在一次次完成任務的經歷中，提高注意力。而家長幫孩子拆解任務的好處和原因有三點：

首先，可以讓孩子對於「順暢、專注、完整地完成一件事」有更多的體驗，他會更習慣這樣做事情。

其次，可以幫助他們集中注意力。因為孩子的注意力容量是有限制的，如果一次交付太複雜的任務，孩子可能會無法招架，影響到孩子做這件事的興致，進而降低他們集中注意力的程度。

第三呢，任務涉及好幾個部分，孩子可能做第一個部分時，就會受到第二個部分的影響，結果反而都沒有做好。因此，不如先幫他拆解，讓他一次只要很輕鬆、高效地完成一個步驟就好。

遊戲小筆記

低難度：從簡單的任務，拆解為兩、三個階段開始練習

中難度：從複雜的任務，拆解為兩、三個階段開始練習

高難度：針對複雜的任務，引導孩子自己把任務拆解，然後完成

做法二 善用糖果

正規版【善用糖果】

「糖果」就像吊在兔子眼前的紅蘿蔔

最適合訓練：衝突排解能力

基本玩法：拿一顆糖考驗孩子是否能忍著不吃

難易度：由低到高，隨孩子的年齡調整

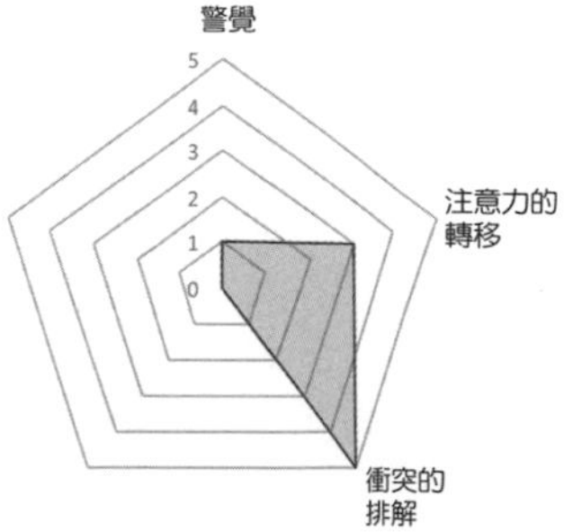

這個遊戲最簡單玩法是：準備一顆糖果，給予孩子一些限制，總之就是不能立刻把糖果吃掉，觀察孩子是否能夠堅持。

另外，你可能知道，心理學有一個很著名的棉花糖實驗，那是一九六〇年代美國史丹佛大學心理學教授華特・米歇爾（Walter Mischel）所做的系列研究。

在這個系列的研究中，米歇爾教授把小朋友請到研究室，讓他們看到前方有一個棉花糖，然後他告訴小朋友說：「如果你可以忍耐，不馬上吃掉這個棉花糖，十五分鐘後，你就會得到兩個棉花糖。」

然後呢？有的小朋友等不及，先吃掉了棉花糖，有些小朋友能夠等待，最後順利得到兩個棉花糖。但這研究更有意思的是，後來的追蹤調查發現：那些能夠等待的孩子，在未來，不論是學業或事業上的表現，都優於無法忍耐、先吃掉棉花糖的小朋友，甚至婚姻狀態也比較幸福美滿❹。

孩子在忍耐不吃棉花糖（或糖果）的過程中，其實就是在做衝突的排解。因為，他必須時時刻刻抑制住自己那個「想要吃棉花糖」的念頭。

那要怎麼進一步善用糖果呢？

首先，你要準備比「一顆糖」多一點的道具——不同顏色和形狀的糖果。比如，一種圓形、一種長條形，而且是有各種顏色的糖果。

〔六歲以上〕限時＋不同形狀和顏色的糖果　難易度：●●●

先把各式各樣糖果擺在桌上，請孩子選一個形狀和顏色，然後要他們**在規定時間內（比如五秒內），找出符合那個形狀和顏色的糖果。**

❹ 雖然當時這個研究是被這樣解讀的，但後續其實發現有其他可能的解釋，而且無法忍耐的孩子，未來也不一定就發展得比較不好。

如果孩子選的是紅色和圓形，就只能找紅色圓形的糖果。若是抓錯其他糖果，或者沒能在規定的時間內挑出來，就要被扣分；而如果能在規定時間裡準確地找到，就可以吃掉這顆糖果。

〔三至六歲〕同形狀不同顏色的糖果　難易度：●●○

家裡的孩子如果年紀比較小，可以選用同樣形狀但顏色不同的糖果，請孩子先選一個顏色，然後找到那個顏色的糖果。

〔三歲以下〕形狀顏色均不同的糖果　難易度：●○○

對於更小的孩子，則可以使用顏色和形狀都不同的糖果，但考量小小孩對顏色、形狀的掌握可能都還不夠好，建議找水果形狀或是動物形狀的糖果，盡量挑孩子比較有可能辨識的，請小小孩找某個樣子的糖果。

在這個遊戲中，孩子必須要抑制自己的衝動，因為抓錯了要扣分，在找紅色、圓形糖果的時候，看到紅色但形狀不是圓形的糖果，就要抑制自己「去拿它」的衝動。所以，孩子可以一邊很歡樂地找糖果，一邊訓練自己的注意力。

不過，我在這裡要說明一下：吃太多糖，其實對孩子是不好的。如果爸爸媽媽擔心孩子吃太多糖果會蛀牙，也可以拿別的東西取代糖果，像是用不同顏色的水果——紅色的草莓、黃色的鳳梨、綠色的奇異果——切出不同的顏色、不同的形狀。

當然，你也可以考慮換成其他的小東西，重點是：**這個東西是孩子會喜歡的，讓他們有「被獎賞」的感覺，就可以用來替代糖果，激勵他們去做「自我控制、提升注意力」這件事。**

【善用糖果】為什麼能夠提升孩子衝突的排解能力呢？

因為甜食一般是孩子很難抗拒的，孩子為了要抗拒糖果的誘惑，就要想辦法讓自己不要受到影響，訓練自我控制的能力。

而在衝突排解這件事情上，自我控制是最核心的，所以透過不能馬上吃糖，就能夠有效訓練孩子衝突排解的能力。

不過有時候孩子可能會採取分心策略：盡量不要看到、不要想到糖果。在這樣的狀況下，雖然對於衝突排解能力的提升效果沒有太大幫助，但是孩子有主動去思考別的策略，其實也是不錯的訓練。

遊戲小筆記

低難度：不能抓的東西，與其他東西差異性大

中難度：不能抓的東西，與其他東西差異性小

高難度：不能抓的東西，與其他東西差異性小，另外加上時間限制

延伸玩法：

- 可以加入額外的規則，例如若發現五個不能抓的東西，就可以一次拿齊，有額外的加分，這樣的做法，可以提升孩子的認知彈性。

做法三

逢七過

正規版【逢七過】

把幸運七放心底，喊出來就不靈了

最適合訓練：衝突排解能力

基本玩法：依序念數字，與七相關數字就拍手取代

難易度：●●○

【逢七過】這個遊戲你可能也不覺得陌生，一般玩法就是大家圍成一圈，然後從「一」開始，依序喊數字，如果遇到數字七、七結尾的數字或是七的倍數，嘴巴不能喊出來，必須要做一個動作取代。

例如，前一個玩家喊到十三，我是下一個玩家，照順序應該要喊十四，但因為是七的倍數，我不能夠喊出數字，就會拍一下桌子代表，而下一個玩家也不能喊十四，他得要喊十五，如果他搞錯就輸了。

在這個遊戲中，主要訓練注意力的轉移和衝突的排解。

因為在玩遊戲的過程，我們必須一直留意每個人喊的數字，從一個人到下一個人，

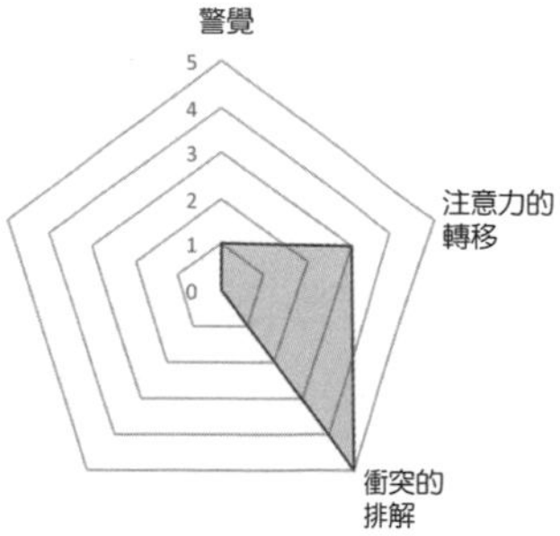

所以需要用到注意力的轉移。

另外，我們都會有跟著別人做的衝動，所以即使輪到自己的時候，那個數字是七的倍數，也會有很強的念頭想要念出來，而這個抑制自己不念出來的過程，就會訓練到衝突排解的能力。

正規版的【逢七過】，也可以說是基礎版，對於有簡單運算能力的大人，以及大一點的孩子，只要熟悉九九乘法表，玩起來很容易上手。

簡易版【一之七逢七過】

把遊戲簡化，小小孩也能玩

最適合訓練：衝突排解能力

基本玩法：數字從一至七輪迴，其他玩法同正規版

難易度：●○○

如果家裡孩子還太小，像我家的老二，今年才四歲，根本不懂九九乘法，要怎麼簡化這個遊戲，帶他一起玩呢？

其實很簡單，一旦數字到達「七」就拍手取代，下一個玩家再念回「一」，用這樣的方式，降低遊戲難度，小小孩就能夠跟著玩了。大人也不用覺得無趣，因為只要加快速度，這個玩法也是頗有挑戰性的。

〔**進階**〕尾數七的數字不能念　難易度：●●○

如果孩子已經可以數超過十的數字，就可以用正常的逢七過玩法，但遇到七的倍數還是可以念出數字，只有七結尾的數字不可以念出來。

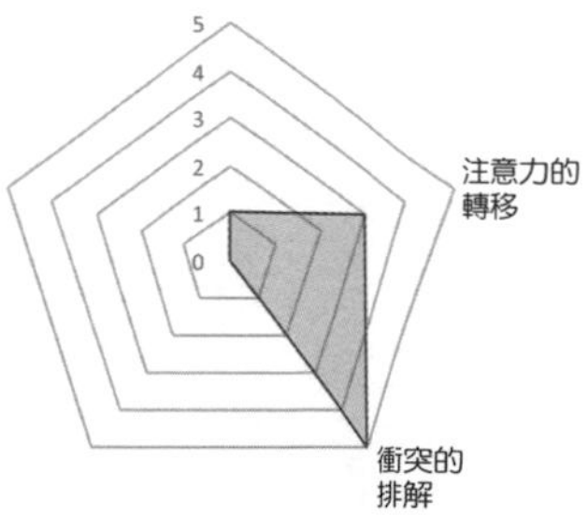

任意版【比你大逢七過】

不按規則念數字，沒注意聽會變魯蛇

最適合訓練：衝突排解能力

基本玩法：自由決定念的數字，比前一位數字大，順號或跳號都可以

難易度：●●○+

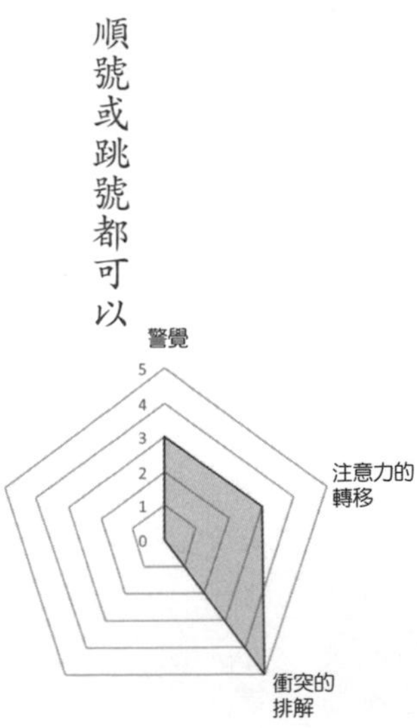

另外，還有一種任意版的【比你大逢七過】，也是遇到七的倍數可以念出數字，只有七結尾數字不可以念出來。在這個版本中，每個人要念的數字是自由決定的，但必須是比前一位更大的數字。同樣是大家圍一圈，照著數字念，但之前每個人都照順序念下一個數字，現在可以選擇念下一個數字，或是跳過一個數字，直接念下下個數字。

例如，前一個玩家念到三，照傳統的玩法，我應該要念四，但是在任意版當中，我可以念五，或七結尾以外的其他數字。這樣的玩法，會逼著玩家要時時保持警覺，因為你不知道前一個人究竟會照順序念，還是會跳著念數字，玩起來比傳統玩法更刺激，而且會多訓練到一項注意力的能力——沒錯！就是警覺的能力。

挑戰版【瘋狂逢七過】

念數字還要算算數，非常瘋狂的遊戲

最適合訓練：衝突排解能力、數學力

基本玩法：念數字之外，還要出數學題考驗下一個玩家

難易度：●●●

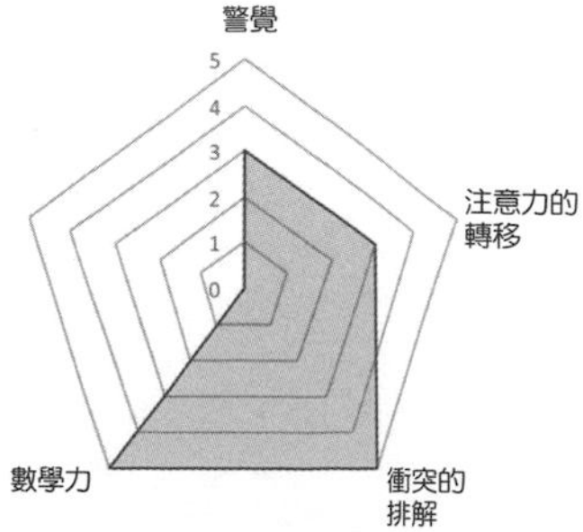

如果想要再提高難度，那麼就來玩【瘋狂逢七過】吧！它和正規版不同的地方在於，除了念數字之外，還要出一道數學題目給下一個玩家回答，而被問的玩家必須先解數學題，說出正確答案，再出題讓下一個玩家來答。

所以，玩這個挑戰版，每個玩家不是單純地念出數字，而是在念數字之後要給下一個玩家出題，連大人都可以玩得很嗨、很刺激！

例如我念到四，接著我會說「4＋9」，如果這個總和的數字不是七的倍數，玩家就要先念出那個數字，接著再給下一個玩家出題。但總和數字若剛好是七的倍數，那這個玩家就不能夠念出來，要由下一個玩家直接出題給下下一個玩家，總之就是不能念出

七的倍數就對了。

我再具體舉例一下：

如果輪到我的時候是九，我接著出題「9＋5」，因為這個總和是十四，是七的倍數，下一個玩家不能念出來，而接下來那個玩家雖然也不能念出來，但是他要出題，如果他出的題目是「14＋3」，在他之後的那個玩家，就要先說十七，然後再出一道題。

相信我，挑戰這個【瘋狂逢七過】，不僅小孩子會玩得很瘋狂，恐怕連大人也會非常瘋狂。而且在玩的同時，三種注意力的能力都訓練到了，還磨練了大家——尤其是小朋友的數學運算能力，實在是非常棒的遊戲。

極限版【魔王逢七過】

比瘋狂還要更瘋狂，務必精神好再挑戰

最適合訓練：警覺能力、衝突排解能力、記憶力、數學力

基本玩法：加總前兩個人念的數字，遇到跟七有關要即時反應

難易度：●●●+

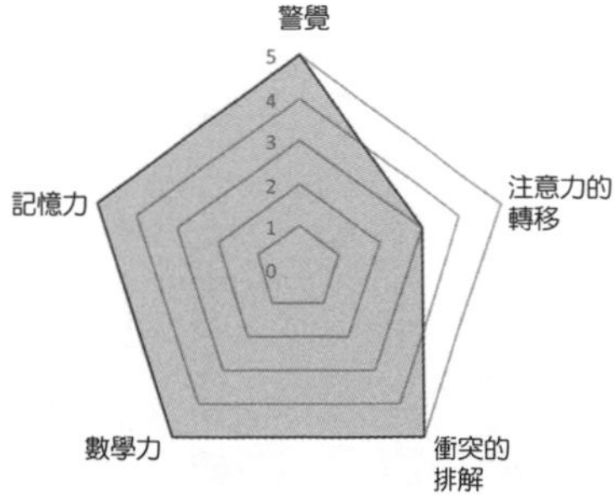

接下來，我要教大家挑戰極限的【魔王逢七過】！

在這個版本中，每個人喊出來的數字，必須把前兩個人的數字加總，同時間還要考慮這個數字是否結尾為七，或者是七的倍數，然後做出不同的反應。因為數字會增加得很快，要判斷是否為七的倍數，會越來越困難。

例如，前面兩位分別念了四和六，輪到我的時候，我就要說「十」；而對於下一個玩家來說，前兩個玩家分別念出六和十，那麼他就要說「十六」。

同樣的，接下來那個人，因為前面的人說了十和十六，他就要說「二十六」，以此類推，再下一個人要說「四十二」——？注意哦，如果他真的說四十二，那麼他就輸了，

因為四十二是七的倍數。所以，他不能夠說四十二，而要念出「42＋1」的數字，也就是四十三。接著下一個玩家要說出「26＋43」的答案——六十九。

這個遊戲看起來沒有前面的刺激，但因為涉及了不同規則的轉換，難度其實很高，而且涉及到規則轉換，除了訓練衝突的排解，也順帶訓練了彈性思考的能力，是一個很不錯的練習。

【逢七過】為什麼能夠提升孩子衝突的排解能力呢？

人們都有模仿他人行為的傾向，而且做事情容易有慣性，所以會很想要念出不該念的數字。透過遊戲壓抑自己，不要念出不該念的數字，對於衝突排解能力的提升是很棒的訓練。

這個遊戲同時訓練警覺和注意力的轉移，因為你要隨時留意什麼時候輪到自己念數字，以及要提早提醒自己，接下來的數字不需要念。如果警覺能力有好的運作，那麼衝突排解的運作就可以稍微鬆懈一點，因為你早早就可以規劃自己接下來的行為了。

不過，如果是玩任意版或極限版的逢七過，光有警覺能力是不夠的，還是要有好的衝突排解能力，才能一路過關斬將。

遊戲小筆記

低難度：只用一至七的數字，逢七過

中難度：只對數字有七的不能做出反應，七的倍數還是可以反應

高難度：尾數七或七的倍數都不可以反應

延伸玩法：

- 可以用這個遊戲來訓練數學能力。

做法四

相反遊戲

正規版【相反遊戲】

孩子喜歡唱反調也有正面效應

最適合訓練：衝突排解能力

基本玩法：念一個屬性，請孩子念出相反屬性

難易度：●○○

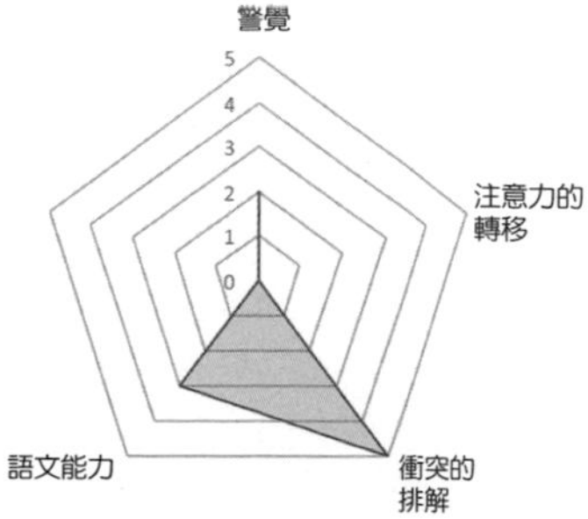

【相反遊戲】要怎麼玩？

最簡單的玩法就是——一次講一個形容詞，而孩子必須講出相反的形容詞。像是一個人說「大」，另一個人就要說「小」；一個人說「黑」，另一個人就要說「白」，看誰先出錯就輸了。

當然，爸爸媽媽玩的時候，也可以耍一些心機，變來變去，一下說大、小，一下又說黑、白；或是連著好幾次都講同樣的形容詞，然後突然換一個形容詞，對孩子來說都是很大的挑戰。

例如我跟老大玩的時候，我就會故意一直說「小小小」，然後突然轉變說「大」，老

大有時候一時反應不過來，就會說「大」，那麼就犯錯了。他發現自己講錯後，還會有點懊惱地說：「爸爸，你都故意這樣，害我上當。」

為什麼玩這個遊戲對於衝突排解是很好的訓練呢？

首先，我們聽到別人講話的時候，很容易會想要重複這個人講的內容，但在這裡，孩子要不這麼做才會贏，所以會不知不覺訓練到孩子衝突排解的能力。

另外，孩子要根據大人講的內容，講出相反的字詞，所以必須時時保持警覺，對於警覺能力也是很好的訓練。

進階版【雙屬性相反遊戲】

一次針對兩個屬性做反應，更難也更有趣

最適合訓練：衝突排解能力、語文能力

基本玩法：一次念兩個屬性，孩子也必須對應兩個相反屬性

難易度：●●○

介紹過簡單玩法，現在複雜一點的玩法來了。

那就是一次講兩個屬性。

例如我說「大黑」，老大就要說「小白」；如果我說「小黑」，老大就要說「大白」。除了大小、黑白之外，其他還有很多屬性可以用，像是長短、胖瘦等等。爸爸媽媽可以多開發一些相反的屬性，還可以同時訓練孩子的語文能力呢！

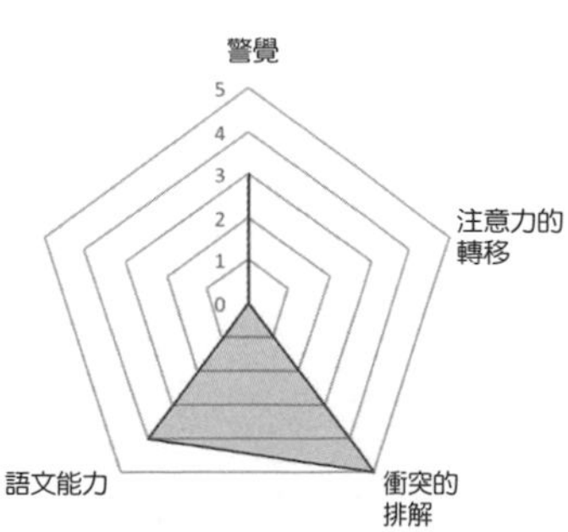

變化版【動作相反遊戲】

不只是用說的，也可以動手動腳

最適合訓練：衝突排解能力、肢體靈活度

基本玩法：做出一個動作，請孩子做出相反動作

難易度：●●○

相反遊戲可以更靈活，用動作取代口頭指令，玩起來會更有意思！

玩的時候，爸媽先做一個動作，請孩子做出相反的動作。例如跟孩子玩舉手遊戲，如果你舉右手，孩子就要舉左手。這個比起用念的更為困難，因為我們有更高的傾向會去模仿別人的動作。

同樣的，我們也可以增加屬性，把腳加進去。你用手做的動作，孩子必須要用腳來做，所以如果你「把『右手』舉起來」，實際上孩子是要「把『左腳』舉起來」。

比起單純的語言遊戲，加了動作之後，孩子會更喜歡玩，除了訓練衝突排解能力，提高注意力，還是不錯的運動方式哦！

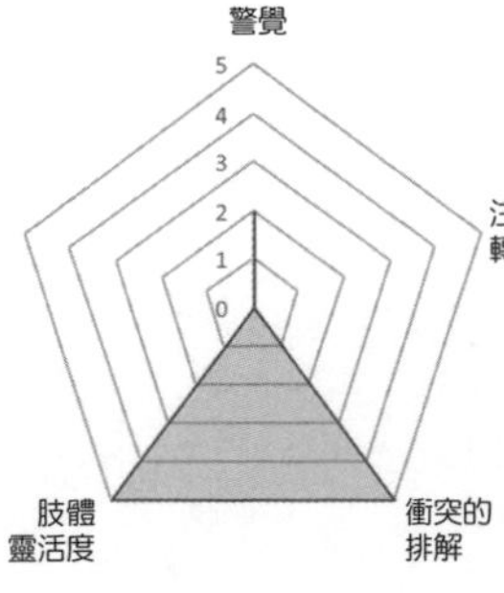

複合版①【不聽爸爸的話＋相反遊戲】

讓孩子在遊戲中唱反調，過過乾癮

最適合訓練：衝突排解能力、警覺能力

基本玩法：照指令做動作；聽到「爸爸說」就要做出相反動作

難易度：●●●

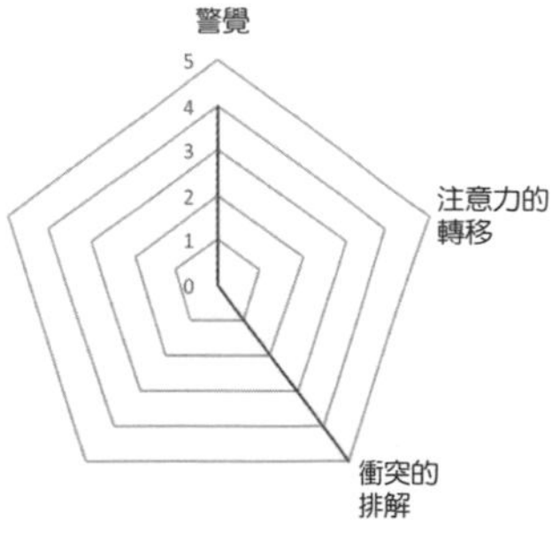

另外，還可以跟【不聽爸爸的話】遊戲做結合。請孩子照著指令做動作，如果指令前面加上「爸爸說」，孩子就要做出相反的動作。

也就是說，原本孩子只有在聽到「爸爸說」（模擬遊戲語氣）的指令，才需要去做，但現在反過來，讓孩子「不聽爸爸的話」。注意，只是遊戲裡哦！玩這個遊戲時，只要有指令，孩子就要照著做，但是如果指令前面加上了「爸爸說」（模擬遊戲語氣），那麼孩子就要故意造反，做出顛倒的動作。

例如，當指令是舉右手時，孩子要舉右手；可是如果指令是「爸爸說」舉右手，那麼孩子就要舉左手了。由於可以在遊戲裡體驗小小的叛逆，孩子通常都會玩得很開心，這時候你只要靈活運用，把寫作業和玩遊戲串連在一起，當爸爸說「玩遊戲」的時候，孩子就要「寫作業」——你可以試試看，孩子可能會不知不覺上當哦！

雖然前面講到相反遊戲主要是和衝突排解的能力有關係，但是只要想辦法做一些調整，也可以拿來訓練其他注意力的能力。

複合版②【找碴＋相反遊戲】

大波霸與小粉圓，粥中找米粒的概念

最適合訓練：衝突排解能力、知覺力、警覺能力、彈性思考

基本玩法：讓孩子從相似東西中找出不一樣的東西

難易度：●●●

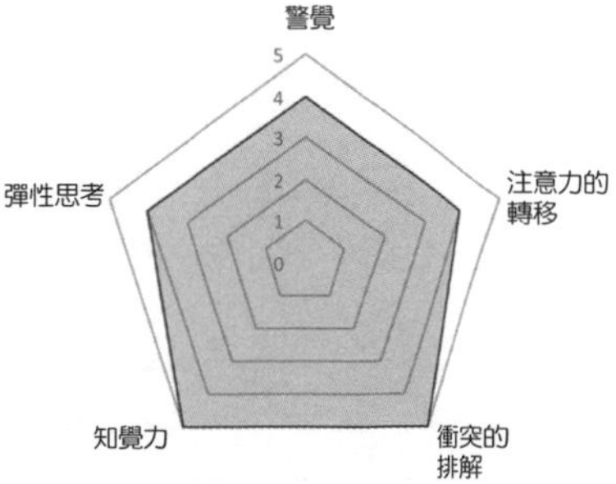

那如果找碴遊戲結合相反遊戲要怎麼玩呢？其實玩法很單純，就是在一堆相同的東西當中，安插一個不一樣的東西，請孩子盡快把這個東西找出來。

而要快速找到不一樣的東西，必須仰賴很多能力，包括：找碴遊戲原本就需要的警覺力、注意力轉移的能力，還要有知覺力區分刺激是否相同，並且需要彈性思考來決定不一樣的東西是什麼，以及衝突排解的能力抑制對錯誤的目標做反應。

比較方便的做法，是請孩子在一張圖畫中找一個跟其他東西不一樣的物品。例如圖畫中有很多大的黑色點點，然後有一個小的黑色點點，那麼孩子就要找出那個不一樣的東西，也就是小的黑色點點。（見一七六頁上方圖示）

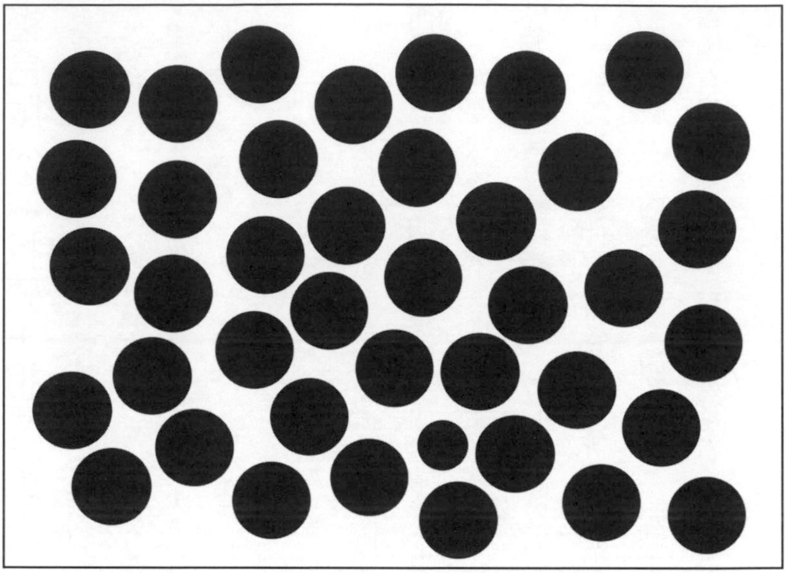

犬 犬 犬 犬 犬 犬 犬 犬

犬 犬 犬 犬 犬 犬 犬 犬

犬 大 犬 犬 犬 犬 犬 犬

犬 犬 犬 犬 犬 犬 犬 犬

犬 犬 犬 犬 犬 犬 犬 犬

透過這個遊戲，可以訓練孩子在面對一群看起來很相似的東西時，可以保持警覺心，但還是要仔細檢查，不要誤以為全部的東西都是一樣的。

這個【找碴＋相反遊戲】也可以用中文字來玩，順便訓練孩子認字的能力。比如自製字卡，在一堆「大」中安插「犬」，或者在一堆「犬」中放個「大」（見一七六頁下方圖示），要能夠區分中文字的不同，然後讓孩子去找出那個不一樣的字。

另外還有一個延伸的玩法，爸爸媽媽可以事先準備很多字卡，孩子要找的就是每張字卡中和某個字有一個差異的字。

如果還是以「大」這個字來做例子，孩子就要找跟「大」只差一個部分的字，像是前例中的「犬」，或是「太」、「天」、「夫」都是。看看誰可以在有限的時間內找出最多字，就贏了。

如此一來，不僅訓練了孩子的警覺能力，也可以提升孩子對中文字的認識，一舉兩得。

【相反遊戲】為什麼能夠提升孩子衝突的排解能力呢？

相反遊戲中不僅要抑制自己模仿別人行為的衝動，還要做出相反的反應，對衝突排解的能力是雙重訓練：第一重是不去模仿別人的行為；第二重是在思考到底哪個才是相反概念的時候，需要排除其他無關訊息的影響。

如果用雙重相反遊戲，兩個詞本身又相反，更是會大大增加衝突排解的難度。例如一個人說「大小」，另一個人正確說法是「小大」，但因為彼此概念是相反的，很容易搞混，是很強烈的衝突狀況。你也可以示範一些好笑的詞，故意說「你壞大」，孩子若正確回答要說「我好小」。孩子學習力很快的，可能馬上就會想出讓你哭笑不得的詞。

最後，還有兩點要提醒大家：

第一、「相反遊戲」雖然可以訓練孩子衝突排解的能力，提高注意力，但是千萬不要玩過頭了，要讓孩子懂得遊戲和現實的區別，否則老師在學校叫孩子舉起右手，結果孩子舉起左手，可是會被老師罵的。

第二、「相反遊戲」的核心其實是要我們保持彈性的思考能力，不要別人說一，就照著做一，自己都不去思考。如果擔心相反遊戲會帶來副作用，也不見得要孩子講相反的東西，可以講些有關聯性的東西，例如講到「蘋果」，孩子可以根據顏色、形狀或是類別講一個有關聯性的東西，例如跟蘋果顏色相關的東西，就可以講紅包，因為都是紅色。總之，就是要保持彈性的思考，聽到一，要想到二三四，不要只是想到一。

遊戲小筆記

低難度：只針對一個屬性（例如只有黑、白）

中難度：針對多個屬性

高難度：針對多個屬性，且把屬性組合在一起

延伸玩法：

- 可以結合找出不一樣的字詞，來訓練孩子的語文能力。

做法五

想像遊戲

正規版【想像遊戲】

隨想像起飛，小小孩也有「超凡」發揮

最適合訓練：衝突排解能力、創造力

基本玩法：請孩子假裝自己是故事中的角色，刻意安排這個角色有一些需要忍耐不動的情節

難易度：●○○至●●●

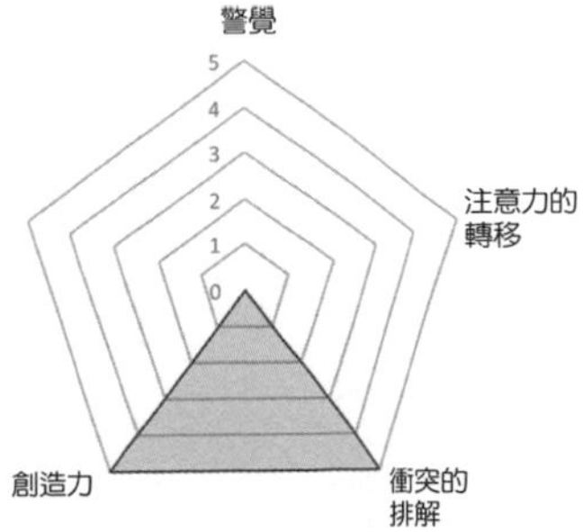

在現實中很難做到的事情，轉化為故事，難度就會下降許多。大多數孩子都喜歡聽故事，所以我們也可以透過講故事，讓他們在想像故事情境的同時，也達到注意力提升的目的。

比方說，你讓孩子站著不動，他其實很難堅持一分鐘。但如果你對孩子說：「你是一個很厲害的武士，你現在要立正站好，守衛城堡，不可以被零食、寵物干擾。」他就可以多堅持幾分鐘。

還有，我家老大找東西找不到的時候，我就會跟他說：

「你要想像你現在是老鷹，老鷹都會很快找到他的獵物，那你現在要帶著老鷹的眼睛去找那個找不到的玩具。」說也奇怪，我這樣跟他說完後，老大又回頭找一次，很快地就能找到剛剛沒找到的玩具。

或者，孩子磨磨蹭蹭不想去上幼稚園，也可以借用這個想像遊戲，對孩子說：「前面就是一座城堡哦，你現在要去保護城堡裡面那些人，你準備好了嗎？」通常孩子就會很配合地起身衝去幼稚園了。

【想像遊戲】為什麼能夠提升孩子衝突的排解能力呢？

想像遊戲是利用孩子喜歡聽故事來當作媒介，讓孩子可以因為沉浸在角色中，而達到衝突排解的目的。

這個方法對於控制能力比較差，但是又喜歡聽故事的孩子，特別有效果，會讓他們在不知不覺中排除掉很多外界的干擾。

當然，你的故事中也可以刻意安排需要排解衝突的情節，如此一來，就能雙重提升孩子衝突排解的能力。不過，要記得遊戲結束的時候，必須清楚告訴孩子，不然孩子還會活在角色中。

遊戲小筆記

這遊戲雖然只介紹一個版本，但其實可根據想像的情節來調整難度，以下難度的界定提供大家參考。

低難度：讓孩子短時間控制自己的行為，並且保留一些彈性

中難度：讓孩子短時間控制自己的行為，但不保留彈性

高難度：讓孩子比較長時間控制自己的行為，也鼓勵孩子可以共同創作故事

延伸玩法：

- 可以結合一些肢體活動，同時促進運動腦區的發育。

第八章：全方位提升注意力

在前面幾個章節，我分別介紹了要怎麼提升孩子的警覺、注意力轉移以及衝突排解的能力。

我知道有些爸爸媽媽可能一時還沒察覺自己的孩子在哪個方面特別需要補強，所以覺得那些方法的幫助都有所侷限；或是孩子各方面感覺似乎都有點問題，如果每一個都要訓練，又會覺得太累，總是希望可以只做一件事情，就能夠全方位提升孩子的注意力運作。

所以，在這一章裡面我會介紹三個有科學證據支持的做法，希望能幫助有這些需求的爸爸媽媽們。當然，這三個做法對所有孩子都是適用的，我也很鼓勵大家都可以用這些方法來提升孩子的注意力。

做法一

運動

運動，不單單只是肢體的活動，也是訓練大腦各部位協調的好活動。

在我們的傳統文化裡面，有一種非常經典的刻板印象，就是「四肢發達，頭腦簡單」。說起來有點慚愧，我自己也受這刻板印象的影響，爸爸媽媽會告訴我：「好好念書，不要到處跑來跑去的。」

所以，我從小並沒有養成太好的運動習慣。小時候有一次參加演講比賽，臨時抽到的題目是《我最愛的運動》，結果我當場頭腦一片空白。

反而真正養成運動的習慣，是在上研究所之後。當時真的感受到，運動除了讓我體力變得更好，工作時精神狀態也更集中。因此，現在我做了爸爸，也會盡量多帶孩子一起運動，從小培養他們的運動習慣。

四肢發達，也頭好壯壯

做為一個研究大腦的科學家，我要嚴肅地告訴大家：

運動能力好的人，頭腦肯定也是好的。運動能力不但反映了大腦的能力，而且，運動還會幫助促進大腦的發展。

這可不是因為我自己開始運動，或者是帶孩子運動，才這麼說的哦！而是基於大量的相關研究，才有的結論。

比如，在美國就真的進行過一場這樣的試驗：有一位熱血教師保羅．金塔斯基（Paul Zientarski），在美國納帕維爾中央高中擔任體育老師。二〇〇二年，他開始在學校開展一項名為「學習準備運動（Learning Readiness Physical Exercise, LRPE）」的體育課改革，簡單來說，就是在學習之前先上的體育課。

保羅要求學生提前半小時到校，在這段時間安排他們進行中、高強度的體育鍛鍊，然後才把學生送進課堂。另外則有一群孩子，是照以往的作息，沒有先運動。最後，這個研究的結果相當出乎意料，**有先運動的孩子，在課堂中更能集中注意力，考試的成績也更好。**

運動會改變大腦

那麼，為什麼先運動會對於孩子的學習成績有幫助呢？

關鍵就在於：**運動改變了大腦。**

我們知道，運動會促進大腦分泌一些神經傳導物質，比如多巴胺會讓我們感到更快樂，血清素會促進記憶的形成，正腎上腺素則會幫助人更集中注意力，而注意力和記憶力都對學習有幫助。

除了促進分泌神經傳導物質，運動還會促進神經元的連結。很多研究發現，神經元的連結程度越好，我們人的大腦運作也會更快速。像注意力這種跟效率有高度關係的能力，受到的影響也會特別明顯。

而且，除了對大腦活動進行影響，進而提高注意力的運作之外，其實運動本身也會訓練到注意力的不同面向，所以前面講過那三種注意力也都可以在運動中得到訓練。

像乒乓球、羽毛球，這些節奏比較快的運動，都可以透過對即時反應的訓練，來提高孩子的「警覺能力」。

還有籃球、排球、足球等涉及團隊的球類運動，很適合用來提升孩子的「注意力轉移能力」。因為如果沒有把注意力焦點一直放在球所在的位置，很可能就打不到球，或接不到隊友的傳球。

而射箭之類適合單人運動的項目，用來訓練「衝突排解能力」就很適合，因為需要排除周遭的干擾，才能更好地瞄準箭靶，不是嗎？

所以，總結一下運動對注意力的影響，主要分為兩項：

(1)透過影響大腦來改善注意力。

(2)運動本身就是一種注意力的訓練過程。

不過，現在住在城市的爸爸媽媽，想要帶孩子運動，大概會面臨一些問題，比如可能沒有足夠的空間，要去戶外又擔心陰天或霧霾什麼的。所以，接著我要介紹一些不需要太大空間，在家裡就可以邊玩、邊運動的遊戲，讓爸爸媽媽可以在家陪孩子運動，同時又可以提升孩子注意力。

提升警覺能力的運動遊戲

我先介紹一個簡單的「傳球」遊戲，只要一顆球就能玩，而且可以用來提高警覺的程度。注意，這可不是普通的傳球哦！

在這個遊戲中，你和孩子面對面，互相丟球和接球。但是，規則有點特別，比如我跟老大玩的時候，會跟他說：

「哥哥，如果我用右手丟球，你接到球之後，就直接丟回來給我；但如果我用左手丟球，那麼你接到球之後，就要先丟在地上拍一下，再把球丟回來給我。」

如果是跟老二玩，因為老二還小，對於左右還不是那麼容易區分，我就會在兩隻手戴上不同顏色的手套，例如右手戴紅色的，左手戴黑色的，然後告訴老二說：

「如果爸爸用戴紅色手套這隻手丟球，你接到後要直接傳回來；如果我是用戴黑色手套這隻手丟球，就要先拍一下球再傳回來。」

這麼一來，孩子因為要時時刻刻警覺你用哪隻手丟球，就會一邊很開心地跟爸爸媽媽玩丟球遊戲，一邊也訓練到了注意力。

如果想提高一些難度，還可以玩進階版，讓更多的人一起玩，而且每個人可以制定不同的規則，例如爸爸用右手丟球，接球的人就要做A動作；媽媽用右手丟球的話，接球的人要做另一個不同的B動作。

要想更有挑戰性，除了人數增加，每個人還可以增加動作的環節和難度。比如接到球後，要先帶著球在客廳轉一圈，拍一下，再把球傳回來等等。這樣增加難度，不但能讓孩子做運動，身體更好，提高注意力，還同時可以訓練孩子的記憶力。

• 提升注意力轉移能力的運動遊戲 •

至於第二個遊戲，是一個「搶球」遊戲，可以訓練孩子注意力的轉移。它的玩法很簡單，爸爸或媽媽手要拿著球，而孩子要想辦法把球搶走。

在孩子搶球的過程中，爸爸媽媽可以把球拿到上方、下方、左邊、右邊，總之就是要想辦法別讓孩子搶走球。

如果你有在看籃球比賽，可能會覺得這遊戲過程聽起來很熟悉。沒錯，這就是打籃球的時候，去搶敵對選手手上那顆球的過程。

其實孩子也可以是那個拿球的人，只是玩法要調整一下，孩子要做的事情就是把球投到一個特定的位置，而爸爸媽媽要想盡辦法不讓他們投球成功，所以孩子就要留意爸爸媽媽擋在哪，然後趕緊轉換方向。

提升衝突排解能力的運動遊戲

最後，我要介紹一個跟衝突排解有關係的運動，這個遊戲叫「左邊右邊不對稱」。怎麼不對稱呢？遊戲規則是：玩家必須用左手和右手做出不同的動作，比如用左手畫出圓形，右手畫三角形。

為什麼說這遊戲和衝突的排解有關係呢？其實原理很簡單，我們人都會有左右想要同步的傾向，所以當左右兩手要做不同的動作時，就必須一直去抑制這個念頭。

你可以和孩子一起比賽，用左手畫出圓形，右手畫三角形。每個人同時用兩支筆，在本子上畫這一組兩個圖案，限時十秒鐘，看誰畫出的正確圖案最多，誰就贏了。

這遊戲其實不容易，但相當好玩！相信我，涉及到比賽，孩子一定會很樂意參與，又很想贏，然後不知不覺提高注意力。

心理學家爸爸的教養便利帖

運動對注意力提升是相當有幫助的，不但能透過對大腦的塑造來提升孩子注意力，而且運動的過程本身，也是訓練孩子注意力很好的做法。

另外，還有很重要的一點：你在陪孩子運動的同時，自己也可以一起運動，同樣會收穫健康的體魄和更飽滿的注意力。

除了直接帶孩子出去運動，也可以透過結合多種注意力的運動遊戲，讓孩子一邊玩得開心，一邊提升注意力。

做法二 好好睡覺

今天我一定要在白天
讓兒子消耗多一點的體力，
讓他晚上早點睡覺！
帶他去公園
跑一跑吧！
晚上
我怎覺得我比兒子
還快沒電...

能夠有良好的睡眠，對於孩子的認知能力是很有幫助的，千萬不要為了多做一點事情而犧牲睡眠，會因小失大。

我們知道，人在疲勞的時候開車，很容易出事故。這是因為疲勞時反應會變慢，注意力也會出現問題，路上突發狀況又多，自然容易發生車禍。

而且，睡眠對注意力的影響，不僅是短期內影響——比如你昨晚睡不好，今天就會精神渙散；還有很多研究證明，長期睡眠情況不佳，也會對注意力造成長期的影響，甚至會影響學習成績。

所以我們身為家長，在知道孩子的注意力有問題，想要解決這個問題的時候，千萬不要忽略掉「睡眠」這部分的原因。要想一想：是不是最近孩子睡得太晚了？或者睡眠不太好？

睡眠真的是很重要，而且和注意力是相輔相成的關係——睡得好，孩子更健康，大腦的發展會更好，當然，注意力程度也會更好。而注意力的程度，同樣會反過來對睡眠產生影響。根據美國國家睡眠基金會的報告，有注意力不足過動症的孩子，很容易會有睡眠異常的狀況，例如晚上睡不著，結果白天容易打瞌睡。

為什麼注意力和睡眠有如此緊密的關係呢?答案很簡單:因為睡眠本身,就是一件需要注意力的事情。要能夠睡著以及集中注意力,我們都需要做到排除周邊的干擾,也就是前面講的注意力第三類「衝突的排解」。以第一章的例子來說,孩子做作業時,不要老想吃附近的零食,抱旁邊的貓咪,同樣睡覺也是,不要一聽到有什麼聲音,或是感覺有光閃過,就要起身去看看。

當然,孩子晚上睡不著,除了不能順利排除干擾之外,精力旺盛也是一個原因。例如,有些孩子午覺睡太久,自然就會晚睡。如果白天讓孩子玩得累一點,晚上就會早早入眠。我印象很深刻的就是老大和老二上小小班之前,每天都磨到很晚才睡,結果上了幼兒園之後,都很早就睡了,而且一覺到天亮。主要原因就是之前給保母帶,運動量比較小,而幼兒園給孩子很多活動,運動量比較大,所以回到家就累了。

此外,孩子睡不著,還有一個可能原因就是:孩子攝取了咖啡因。這一點,父母可千萬不要大意,並不是不給孩子喝咖啡,就不會攝入咖啡因。其實很多飲料中都有咖啡因,比如有時候出去吃飯,一些店家會提供免費的飲料,像是紅茶、可樂等等,這些飲料中也會含咖啡因,孩子都喜歡喝甜甜的飲料,如果不小心貪嘴喝多了,晚上可能就會睡不著。

所以，整理孩子晚上睡不好的原因，可能有以下三點：⑴無法排除干擾；⑵白天不夠疲憊；⑶攝取過多咖啡因。

透過想像讓孩子一夜好眠

孩子睡不好，不僅生理上會疲憊，注意力也無法集中，對他們的日常作息有很大的影響。但我們如果想要讓孩子去睡覺，該怎麼做呢？建議可以引導孩子去想像。

比如要老二去睡覺的時候，我就會跟他講：

「波力今天跟你一樣玩了一整天，他現在回家了，你覺得他要做什麼呢？」

如果老二沒有回答要洗澡澡，我接著會跟他說：

「他現在臭臭，那你覺得他要做什麼？」

等老二上鉤了，我又問他：「那洗完澡澡，他要做什麼呢？」

然後我會接著問：「他要準備喝奶奶嗎？」老二肯定會說要。

之後再問他：「那喝完奶奶要做什麼？」

如果老二沒有回答要刷牙，我就會跟他說：「他如果沒有刷牙，會蛀牙，那你要不要幫他刷牙？」

再來我會接著說：「那現在波力是不是要躺在床上睡睡了？」

每個孩子睡前的習慣不同，老二喜歡在睡前看繪本，他就會說要看看書才能睡。我就先陪他看一下繪本，然後再引導他：「波力說看書看夠了，要睡睡了，那他會有點害怕，你可以陪他嗎？」老二多數時候會就範，就可以準備睡覺了。

如果你的孩子有一些特別喜歡的玩偶朋友，可能是一個小貓咪，或者一個小猴子，也都可以這樣引導他，進行一系列要去洗澡、刷牙、躺在床上聽床邊故事等等，跟睡覺有關係的程式。

這想像遊戲要成功有兩個重要的因素：

(1)爸爸媽媽要幫孩子養成固定的睡前習慣。

(2)在跟孩子玩遊戲的時候，要盡量溫和輕柔，不要讓孩子太興奮。

最後，我想再舉一個例子，二〇一六年全球有一本很轟動的繪本，英文書名叫 *The Rabbit who wants to fall asleep*，台灣翻譯成《好想睡覺的小兔子》，作者是卡爾-約翰・厄林（Carl-Johan Forssen Ehrlin），這本故事的做法和前面介紹的想像遊戲差不多，內容是講一隻兔子的故事，雖然是故事中的兔子很想睡覺，但其實也是有意無意在暗示孩子：你也該累了。

故事一開始就說：

從前從前，有隻小兔子叫哈利，他真的很想睡覺，卻沒有辦法馬上就睡著。小兔子哈利的年齡跟你一樣，沒有比較大，也沒有比較小，就是跟你剛好一樣大。……現在，他真的快睡著了。他每呼吸一次，就越來越能看到他和你一起睡著的樣子，現在，越來越接近睡著了。……

很多爸爸媽媽就因為很傳神地跟孩子講了這個繪本故事，原本睡前會滾來滾去的孩子，都一下子就入眠了。

做法三 冥想

冥想能夠提高孩子的
記憶力、創造力，
還有注意力。
冥想中
冥想的好處
很多的！
還有一個最大的
好處就是...！
難得的寧靜時光！
這段時間絕對
不會被孩子打擾！
?

冥想看似什麼事情也沒有做，實際上卻是最有主動性的一個活動，因為所有活動都是在有意識的狀態下發生的。主動性的大腦運作，對於提升注意力非常有幫助。

在很多古裝片中，我們經常會看到這樣的情節：為師的為了磨練徒弟，就要他們在一旁打坐，而徒弟某一天會突然頓悟，知道師父為什麼要他做那看似無聊的事情，並且參透了很厲害的武功秘笈，然後獲得了師父的肯定。

這一段聽起來像是編劇講的傳奇故事，但是我要告訴大家，這做法其實是很有科學依據的！

打坐，或套用比較流行的說法——冥想，因為不太耗費資源，人會很容易進入另一種思考狀態。很多研究也發現：冥想對於問題解決以及提升創造力都是有幫助的。

還記得我在前面講過，大腦很喜新厭舊，如果一直看同樣的照片，大腦可是會停機抗議的。那為什麼在打坐時，不停機呢？這是因為我們的大腦還有一個特性：它閒不下來啊！所以，在看起來沒事幹的時候，反而大腦自己會想做些事情。

那你想想，打坐時，你的大腦還能做什麼呢？

不就是體驗當下的感受嗎？

如果去問那些有打坐經驗的人，他們常常都會這樣說：「在打坐的時候，感官突然變靈敏了，可以聽到平常聽不到的蟲鳴鳥叫，也能更深刻地感受到自己的呼吸，甚至心跳。」

而且，大腦在看似停機的時候，是沒有干擾的，神經元之間可以自由的對話，我們就有機會解決平常無法解決的問題，或是想到新的點子。

其實不只是對頓悟這件事情，腦神經科學的研究發現：打坐、冥想對幾乎所有的心智慧力都有好的影響，例如會讓人記憶力變好、幸福感提升，當然也會提升創造力，還有——注意力。

冥想和注意力的關係也是相輔相成。要能夠成功的冥想，就要有好的注意力運作。沒錯，想要進入冥想狀態，我們必須做到衝突的排解，把一些雜念排除在外。

另外，不少在引導人們做冥想的做法，都會強調你可以先把注意力移轉到自己的呼吸上，透過一次又一次的感受，讓自己可以把注意力放到「心」上。反過來，冥想的訓練，也會讓人的注意力變得更好。

由於冥想的好處實在太多了，在美國和加拿大，已經有學校把冥想納入課程規劃。還有一些基金會在專門推廣冥想活動，因為他們認為，在資訊爆炸的現代社會中，孩子非常需要「能夠安靜的力量」，也就是要「能夠不受外在的影響」，做自己。而要做到這些，冥想就是最簡單、也是效果最好的訓練方式。

怎麼在家帶孩子做冥想練習

那麼，我們在家裡要怎麼幫孩子做冥想練習呢？小孩子平時那麼好動，有可能讓他們靜下來，什麼事情都不做嗎？當然不容易，如果沒有用對的方式，孩子是無法進入冥想狀態的。所以，爸爸媽媽要要一些心機，記住以下兩個重點：

(1)營造適合冥想的情境。
(2)按部就班地引導孩子。

營造適合冥想的情境

什麼樣的情境，是適合冥想的情境呢？首先，要避免有太多聲光刺激，準備好微弱的光源，並且搭配比較和緩的音樂。

總之，就是要讓孩子靜下來什麼都不做。

這不容易，但可以引導他，用這樣和緩的方式，讓孩子在比較沒有外在環境的干擾下，開始練習做冥想，去熟悉冥想是怎麼一回事。

如果爸爸媽媽還不擅長引導孩子的話，也可以找一些既有的素材，運用CD、網站或APP引導孩子做冥想。建議爸爸媽媽們用「冥想、兒童」當關鍵字做搜尋，就可以在網路上找到很多素材了。

按部就班地引導孩子

接下來我們可以怎麼去引導孩子做冥想呢？耐心點，我們一步一步來。

首先，我們可以從短暫的冥想開始做起。

對於孩子，我們不能期待他們一次就做到靜下來半小時，可以先從五分鐘練起，年紀越小的孩子，開始的嘗試就要越短暫。

像是三歲左右的孩子，最好是從五分鐘開始練習，逐步增加；六歲的孩子，可以延長至十分鐘。因為孩子做冥想也是一件需要集中注意力的事情，所以他們最初能夠專注的時間是比較短的。

• 具體的引導 •

再來進行具體的引導。

例如我們不能直接跟孩子說：「你現在要放慢呼吸。」小朋友不容易懂什麼叫做放慢呼吸。

所以我們要跟孩子說：「爸爸說『一』的時候，你就要吸氣；說『二』的時候，你就要吐氣。我們來練習看看。」當你在引導孩子的時候，要逐步放慢步驟，讓孩子進入冥想的狀態。

記住！**冥想是一件困難的事情，而且初學者不容易有感受，所以我們要盡所有可能，把這件事情具體化。**

例如爸爸媽媽可以搭配穿戴裝置，像智慧手環的使用，就可以讓孩子事後看到，原來在冥想的時候，心跳是比較慢的。然後，當孩子能夠靜下來做冥想，我們就可以進一步請他去體驗當下的感受，真正進入冥想的境界。

・善用故事讓孩子進入狀態・

第三步是善用故事讓孩子進入狀態。

前一做法介紹過用講故事的方式引導孩子入睡，我們同樣也可以用這個方法，來引導孩子做冥想練習。接下來我要說的這個故事，我跟老大、老二都用過，你也可以試試看，用這個方式來幫助孩子進入冥想的狀態。

我先告訴他們：「你們現在是小猴子，在森林中，你剛剛聽到附近有獅子的叫聲，現在你要一動也不動，安靜地等候獅子離開。因為張開眼睛的時候，你會沒辦法專心聽聲音，所以『現在你要閉上眼睛，張大耳朵，去聽聽獅子離開了沒有』。」

為了強化冥想會讓孩子的感官有更強烈的感受，我會建議爸爸媽媽可以善用一些小道具，像是扇子、香氛等，結合故事的情節，跟孩子說：「現在森林吹起了一陣風。」當然，這時候的風是你用扇子搧出來的。然後你繼續引導他：「你聞到了橘子的味道，好想吃一口。」此時可以真的去剝橘子，或者是運用香氛。

這個故事可長可短，像我家老大可以聽長一點的故事，老二就只能聽短短的故事。此外，如果只是講給老二聽，故事中不要讓老二停下來太久，因為他年紀還太小，會無法忍耐。

爸爸媽媽可以根據孩子的年齡、狀況，調整故事的長短，重點是不要太緊湊，並且要有足夠的時間，讓孩子可以去感受。

冥想除了對孩子有幫助之外，對成年人的好處也是一大堆，甚至還有人戲稱「冥想治百病」。雖然聽起來有點誇張，但確實有非常多的研究，看到冥想對人們不同的好處，不論是記憶、創造力、情緒調節等等，都有正面的影響。每天花個二十分鐘，讓自己充電一下，是非常值得的。

心理學家爸爸的教養便利帖

要帶孩子在家玩冥想，爸爸媽媽需要掌握兩個重點：(1)營造適合冥想的情境；(2)按部就班引導孩子。引導的過程，時間由短到長，循序漸進，而且要用具體的方式，例如講故事。

下次，當你忙了一天，回到家裡，如果孩子吵著要玩，就試試帶他做冥想吧。

別忘了，冥想的好處有一大把，能提高你和孩子的記憶力、創造力，還有注意力。最重要的是，可以讓你自己短暫放鬆，享受片刻安寧時光。

PART

3

最讓家長頭疼的注意力問題與解決之道

Q 1 男孩愛做小動作，女孩愛做白日夢？

我先調查一下大家的看法：

你覺得男孩和女孩，二選一，誰的注意力比較可能有問題呢？

我不知道你會選哪個。反正身為一個家長，而且是家有兩個男孩的爸爸，我會說：

「男孩，絕對是男孩的注意力比較容易有問題。」

每次和家裡有女兒的朋友聚會，都會覺得很羨慕，真希望自己家裡也是兩個女兒，可以很安靜地坐下來看繪本，或者玩辦家家酒——再看看自己家的孩子，跑來跑去打打殺殺，連玩樂高的時候也是一樣，老二一會兒去搶哥哥的積木塊，一會兒去破壞他蓋好的作品，害得老大也不能專心玩樂高。

男孩不一定比較常有注意力的問題

但是做為一個心理學家，我又必須說：「其實並沒有明確證據顯示注意力有問題的男孩比女孩多。」換句話說，在科學家的統計結果中，男孩和女孩注意力有問題的比例是一樣的。

不過，在臨床診斷上，男孩被診斷出有注意力不足過動症的比例，比女孩高三倍，而且在世界各國都是如此。

請注意喔，心理學家說男孩的問題並沒有更嚴重，但臨床上男孩被診斷出注意力不足過動症的數目又比女孩多——心理學家和臨床診斷的結果為什麼會不一樣呢？

其實答案很簡單：通常注意力有問題的男孩會發生的小狀況，多半是做做小動作，很容易被老師和家長發現，自然也就更容易被送去診斷和治療；而女孩注意力不集中的時候，很可能是在走神、做白日夢，但這些狀況都相對隱蔽，沒有被家長和老師察覺。所以，並不是女孩注意力有問題的比較少，只是她們不容易被發現，也就沒有被送去做進一步診斷。

男孩女孩注意力問題大不同

不過雖然比例可能沒有差異，但是男孩和女孩在「注意力有問題」這件事情上，他們具體的行為表現，還是有所不同的。

根據臨床科學家的研究，注意力方面的問題，主要分兩類：

(1)外在表現，衝動、無法控制自己的行為，比如上課老是做小動作。
(2)內在的不夠專心，不能集中注意力在一件事上，比如上課走神，開小差。

動畫片《多啦A夢》中的兩個角色，剛好符合這兩種類型，胖虎就是第一類注意力有問題的孩子，很衝動、無法控制自己的行為；而大雄很明顯就是第二類，常常不專心，沒辦法集中注意力在一件事情上。如果你忘記怎麼分這兩類注意力缺失，就想想大雄和胖虎這兩個角色，很容易就會想起來了。

根據統計，上述兩種分類中，男孩注意力出問題，最常有的是第一類狀況，會表現出衝動、無法克制自己的行為，例如精力過於旺盛，喜歡跑跑跳跳，講話講不停，或是愛在別人說話的時候插話、打斷別人在做的事情……

那麼女孩呢，最常有的類型是第二類：內在的不夠專心。表現最明顯的就是做白日夢——看起來在專心聽講，其實心思早就不知飛到哪裡去了。科學家也發現，**注意力有問題的女孩多半缺乏自信，人際關係也往往出問題**。這其實很好理解，注意力有問題的話，很可能會忘記做之前爸媽或老師交代的事，然後就會被批評，覺得很丟臉，或者和別人講話時心不在焉，久而久之，和別人的關係就會處不好。

孩子的注意力問題不符合性別的典型，怎麼辦？

看到這裡，你是不是有點著急，心想：怎麼辦，我家的是女兒，怎麼好像也有男孩表現的徵狀，而且每一條看起來都很像我的孩子啊，實在讓人好擔心。

首先，我要給爸爸媽媽兩個溫馨提醒：

雖然從整體上來看，注意力有問題的表現，存在一些性別差異，但孩子間的個別差異大，男孩也可能有女孩常見的做白日夢、開小差的徵狀，女孩可能也會有男孩常見的衝動行為、不能控制自己，愛講話或做小動作。

而且你也不要一看到這些徵狀表現就忙著對號入座，然後一直擔心「怎麼辦啊，我的孩子好像都有」。這些注意力有問題的表現，其實每個人可能多多少少都會有一點，只要沒有嚴重到影響學習和生活，就不用特別緊張。

透過日常行為訓練改善孩子的注意力問題

我有一個好消息要跟大家說，那就是：**孩子的注意力問題，是可以透過日常的行為訓練來改善的**。

怎麼做呢？孩子最喜歡玩遊戲，所以用遊戲來學習是最有效果的。針對男孩和女孩各自的注意力問題——「小動作」和「做白日夢、開小差」，我有兩個小遊戲可以幫助提高他們的注意力。當然，前一節提到從個體來看，每個人可能多少都有一點注意力問題，所以兩款遊戲男孩女孩都可以玩。

．男孩專屬．

先說男孩的部分──不好意思，沒有女孩優先，實在是因為自家有兩個男孩，經常跟他們鬥智鬥勇，比較有經驗。

由於男孩比較容易有的注意力問題是衝動、沒辦法自我控制，所以和男孩玩的遊戲就要針對這點來做設計。有一個我們都很熟悉的遊戲──「一二三木頭人」，就是很好的選擇。

我經常跟太太和孩子一起玩這個遊戲，在家庭聚會的時候，孩子更多一點，會更好玩。通常我都會先當鬼，也就是抓人的角色，然後叫老大和老二站在遠處，我背對他們。遊戲開始，他們會一步步向我走過來，如果我喊一二三木頭人，當我回頭時，他們就不可以動了，若是被我看到動的人就輸了。最後看是哪個孩子先到達我所在的位置，而且沒有被我發現，他就贏了。然後贏的人就變成下一個鬼。相反的，如果鬼可以成功抓到每一個人，那鬼就贏了！

爸爸媽媽和孩子玩的時候，還可以快速喊一二三木頭人，讓孩子措手不及，增加遊戲的趣味性。

因為孩子要隨時警覺哪時會唸到木頭人的「人」，一聽到「人」字，就要停止動作——而停止動作這件事情跟衝突的排解有關係，必須壓抑自己很想要繼續動的念頭，所以，玩「一二三木頭人」可同時訓練孩子的警覺和衝突排解能力。

・女孩專屬・

接著我們再來談女孩的部分。

女孩的問題主要是愛做白日夢、開小差，沒有辦法投入到該投入的活動。因此，我們設計遊戲的首要目的是：想辦法吸引孩子多多參與。

鎖定這個目標，我要分享的遊戲是——「問題大尋寶」。

建議爸爸媽媽可以找孩子感興趣的繪本、人物，然後規劃一系列的尋寶問題。例如，孩子喜歡看《冰雪奇緣》的話，就可以問她：電影中安娜公主和艾莎公主穿過哪些顏色的衣服？雪寶的身上有幾個黑色鈕扣？如果孩子一開始答錯，記得鼓勵她再想一想，或者給她一些線索和提示。等到她想出正確答案時，恭喜她答對了！這樣孩子會像尋到寶一樣開心。而通過一次一次的尋寶和開心，也可以讓孩子持續維持對一件事情的興致。

這個尋寶遊戲需要孩子多注意周遭的事物，並且要不時把注意力放到下一個需要注意的事物，所以可同時訓練孩子的警覺能力和注意力的轉移。

心理學家爸爸的教養便利帖

男孩常有的注意力問題跟無法抑制衝動有關係，女孩的注意力問題則是跟動機低落比較有關。前面談的這些還是大的傾向，但孩子的狀況千變萬化，每個孩子的表現都會有所不同。我建議各位爸爸媽媽，可以仔細觀察自己的孩子屬於哪一種，然後針對性地設計訓練方法。

Q 2

孩子上課老走神，玩手機倒很專注，怎麼辦？

小的時候，我媽媽常會提點我和弟弟：不要當電視兒童。什麼是「電視兒童」呢？就是用來形容那些愛看電視、不愛做其他事情的孩子。現在的孩子，看電視的大概少一點，但更多成為手機兒童、平板兒童……不過，本質上沒什麼差別，都是喜歡盯著那些螢幕看，不喜歡寫作業。

我家的兩個孩子也一樣，看電視或玩電子遊戲都非常著迷，兄弟倆常常都是張大嘴巴在看，要叫很多次才會回過神來。做為一個教人提高孩子注意力的老師，這點倒是有點尷尬。不過，好在我是研究大腦的，會安慰自己先不要焦慮。我明白：這是因為孩子的大腦發育還沒成熟，是正常的狀況。

為什麼孩子愛玩手機、平板？

雖然這個現象很常見，但是，到底是為什麼呢？為什麼孩子總喜歡盯著電子產品螢幕看，就不能是：孩子們一天到晚就想去看書、寫作業，卻不想看手機嗎？

在回答這個問題之前，我想先請你想像兩個情境：

第一個，你正在看一部電影；

第二個，你要加班完成工作上還沒完成的任務。

你覺得，你會更喜歡哪一個情境？

在哪一個情境下，你自己會注意力更集中？

除非是特別變態的工作狂，否則——一定是更喜歡看電影，而且看電影時也會注意力更集中。因為那是你想要做的事情，加班卻不是你想做的。孩子當然也一樣啊，他們不喜歡寫作業，只想玩手機，和你不想加班而想看電影，是一樣的。

手機、平板的特性捕捉了人類的注意力

那麼，到底為什麼孩子的注意力容易被手機，或者說手機上的影片、小遊戲這些吸引過去呢？原因很簡單：人類的注意力會被兩種類型的東西吸引，而「手機」就具備了這兩種類型的特點。

強烈的感官刺激

手機、平板一般都有閃爍的燈光、巨大的聲響等等。雖然是我們被動接受的刺激，但你可別小看這股力量，從演化的角度來看，人類因為能夠迅速察覺這樣的外在刺激，比如猛獸的形象或叫聲，才得以存活下來；而從三種注意力的觀點來看，這些感官刺激就是影響了我們的警覺系統，才讓我們不由自己的上鉤。

讓人有愉悅的感受

當我們心中有想要的東西時，注意力就會被這樣東西所吸引，例如要去便利商店買

優酪乳，就會特別留意優酪乳放在哪個位置。對孩子來說，手機會帶來一些快樂，所以他們會想要擁有手機，注意力自然就會被這樣的東西吸引。

怎麼讓孩子也愛上別的事情？

了解孩子被電子產品吸引原因後，我們做家長的，面對孩子不能專心寫作業，喜歡玩手機，能不能有策略，將他們的注意力導向正經事，也就是「寫作業」呢？

有的。你可以先記住兩個關鍵字：**開心**、**約定**。

● 讓孩子開心做你希望他做的事情 ●

先說第一個關鍵字「開心」。

為什麼孩子總惦記手機？因為玩手機很開心。那麼，我們可以想辦法，讓孩子覺得做這些「正經事」也很開心，而真的喜歡上做這些事情。

像我太太就用過一個很好的「**獎賞**」做法，她希望老大和老二做一些家務，就做了一張清單，設定好兩個孩子分別要負責的家事，然後跟他們說：「老大你要負責洗碗，老二你要負責用抹布擦地板。如果你們做完了，就可以打一個勾。」

每個月底，我和太太會看看兩個人分別得到多少勾，兩兄弟可以根據打勾的數目來跟我們換獎賞，比如得到十個勾，換去遊樂園玩一次。兩個孩子都很熱中，不用我們叫人，自己就會主動去做，做完後還會來提醒說：「爸爸，要幫我打個勾哦！」

但是對年紀小一點的孩子，這種獎賞的效果會比較差，就可以用「幫幫虛擬好朋友」的做法。如果你家的孩子有喜歡的玩偶或是卡通人物，可以善用這個人物。

小孩子很喜歡幫助別人的感覺，如果知道自己做一件事情，能夠幫忙一個人，就會更樂意去做。例如，老二很喜歡一部卡通片裡的形象「波力」，每次我們想讓老二把玩具收起來，就會跟他說：「你如果有乖乖收玩具，波力就會很開心。」然後老二就會很配合地去收拾。

「獎賞」和「幫幫虛擬好朋友」兩種做法，就是利用第二種吸引力的力量來扭轉孩子的注意力，讓孩子主動把注意力聚集到我們希望他做的正經事上。

用約定取代禁止才能長長久久

那第二個關鍵字「約定「呢？

就是說，我們應該策略性的限制孩子接觸手機、電視的時間。這點需要跟孩子做點溝通，你也可以跟他們討論用什麼替代方案。

在我家，老大出生的時候，智慧型手機、平板還不是那麼普遍，所以他沒有對那些東西太著迷。在開始使用前，我們會跟他約定好一次五分鐘，也會設定計時器，當他聽到計時器響起，就會知道要停止玩耍了。這樣的習慣越早建立越好。

智慧型產品真的不是惡魔

最後，我們再回頭來談談手機、電子遊戲跟孩子的關係。

手機就一定是洪水猛獸嗎？我覺得，身為現代的父母，沒有必要完全阻止孩子接觸這類東西，你只要善加利用，這些電子產品和一些內容素材，也可以對孩子的學習有好的、正面的影響。像一些幼兒雜誌都製作了有聲讀物，對孩子培養就是相當好的媒介。

所以，要把科技融入孩子的生活，但又不希望對他們的注意力造成不好的影響，該怎麼做呢？美國小兒科學會在二〇一六年秋天發布一項新建議：

一歲半以下的孩子：除了使用視訊功能之外，不建議使用科技產品。
一歲半到二歲的孩子：可以開始收看高品質的節目。
二至五歲的孩子：建議一天使用不要超過一小時，而且限於高品質的節目。
六歲以上的孩子：家長可以和孩子一起討論，約定使用時間和規範。

其中所謂高品質，就是針對孩子的發展狀態，提供適當的刺激或節目素材。比如教小朋友英文的《芝麻街》；巧虎也不錯，會隨著孩子的發展，在節目中介紹要怎樣穿衣服、整理家務。至於六歲以上孩子可以花多少時間在這些電子產品，能在上面進行哪些活動，只要不影響孩子的運動、睡眠及其他日常活動的進行，原則上都可以接受。

同時，小兒科學會還有一個很重要的提醒，就是爸爸媽媽要幫家庭規劃一些不使用電子產品的時間，也就是不要看電視、看手機、平板的時間。那這些時間去做什麼呢？

可以全家出遊、玩遊戲，或者講故事等等。

除了美國小兒科學會的建議之外，我另外也有兩個提醒：

(1)選擇聲光刺激比較和緩的素材。避免讓孩子太小就暴露於強烈的感官刺激，對他們的感官發展會比較好，也更不容易上癮。

(2)爸爸媽媽要陪孩子一起用。讓孩子產生的連結，是和爸爸媽媽一起共度一些時光，而不是和手機共度。

心理學家爸爸的教養便利帖

手機很容易透過影響「警覺」系統來捕捉孩子的注意力，但只要我們適當的引導孩子，讓他們發現其他事物更有意思，他們就不會只被手機吸引。

雖然科技的潮流無法抵抗，但爸爸媽媽還是要審慎安排孩子使用科技產品的時間，選擇好的素材，盡量和孩子一起使用。現在不妨就試試看吧！

Q3

孩子不耐煩做作業，寫功課慢吞吞，怎麼辦？

小孩子好像都不太喜歡抄寫，因為要不斷重複做一件事，顯得有點無聊，不管是抄一個生字，還是一首詩詞，他們都很難集中精力。我家老大也一樣，每次抄寫都心不在焉，不是漏寫幾個字，就是字少了筆劃，有時還會把一些右開口的字，比如巨大的「巨」，寫成左開口。我相信，這種狀況是很多爸爸媽媽都會遇到的。

寫作業慢吞吞也跟注意力有關係

這就是一種典型的「注意力不足」的狀況。

為什麼這麼說呢？

在第一部的內容中，我曾經提到，心理學家把注意力分為三類：警覺、注意力的轉移和衝突的排解——而孩子寫字的這個過程，就涉及到這三種分類。

首先，孩子在抄寫的時候，不管是抄一個生字，還是一首詩詞，他要先看看字帖，再看看自己的寫字本，這就是一個「注意力的轉移」過程。他需要仔細研究文字的筆劃順序，然後再把注意力轉移回寫字本。

其次，還有「警覺」。一旦寫錯了，要立刻警覺出自己寫的字或抄寫的詩句，和字帖、範本的不同，然後馬上修改。如果警覺得不夠，就會無法發現抄寫的錯誤，比方說漏掉筆劃，要寫「欲窮千里目」的時候，「目」這個字可能會少寫中間的一橫甚至兩橫，就變成了「欲窮千里日」或是「欲窮千里口」。

當然，涉及注意力的還有「衝突的排解」，就像前面舉例，不要一看到貓咪在附近就去抱抱摸摸，或者寫一會兒就要吃吃東西。而且，最重要的是，不要被其他的內容干擾，而是要瞄準你要抄寫的那個字或那一小段，否則可能一句話的前半句是對的，下半句可能就因為瞄錯了，抄寫成別的句子的後半句。比如，「兩個黃鸝鳴翠柳，一行白鷺上青天」，如果看錯了，可能就會寫成「兩個黃鸝上青天」。

那麼，當孩子不能集中精力抄寫時，爸爸媽媽怎麼辦呢？難道每個人都要做個嚴格的家長，甚至更嚴苛一點，用暴力逼著孩子做到嗎？

當然不是。

嚴格的教法不一定適合所有的孩子，而且經常會有反效果，讓孩子從此更加討厭寫字。所以，這時候爸爸媽媽的處理方式，要記住三個關鍵重點：**降低門檻**、**增加動機**、**適度休息**。

降低孩子寫作業的門檻

第一點，幫孩子降低寫作業的門檻。

以寫字為例，前面提過一邊看字帖，一邊看寫字本，是一個注意力不斷轉移的過程，而這個過程也是「注意力分散」的高發時間，對孩子來說也有點難為他。建議不妨先給他用那種可以「**描著寫**」的練習本，孩子只要沿著字的輪廓去描，就可以很容易寫出一個又一個字，注意力不會在轉移的過程分散。

而在度過「描著寫」的階段之後，你還可以**自己幫孩子量身製作寫字本**，例如你先把字的一邊部首寫上，讓孩子只需要寫另外半邊，同樣能降低孩子寫字的門檻。然後再試試看，把詩詞成語的其中兩三個字寫出來做為提示，請孩子把剩下的填滿。

通過這種方式，一步一步讓孩子好好體驗順暢、正確地寫好一個字或一句詩的過程，可以有效降低孩子寫字的門檻。

提升快速把作業寫完的動機

第二點，增加孩子寫作業的動機。

例如我家老大不喜歡寫字，除了一定要寫的作業之外，他不喜歡重複地抄寫。這時我就會跟他玩「**猜猜這是什麼字**」的遊戲：我會先寫一個字，然後問他這是什麼字，輪到他的時候，他也要寫一個字讓我猜，看看誰先考倒另一個人就贏了。老大特別喜歡寫字讓我們猜，每次都玩得很起勁，當然也被我拐著寫了不少字嘍！

這個遊戲其實可以有很多的變形，例如用字來玩「**文字接龍**」：寫了「天」之後，讓孩子接個字，變成一個詞。像是「天」後面接個「空」，就成了「天空」；「空」之後接上「氣」，就成了「空氣」，可以玩很久。

另外，爸爸媽媽也可以試試看「**同時用動作和表情來比劃**」，讓孩子寫下爸爸媽媽想表達的是什麼字詞。相信我，你會和孩子一起玩得很歡樂的，而且不知不覺，孩子就會主動又開心地寫下好多字。

你看，一旦把「寫字」變成「遊戲」，連老大這個超級不愛寫字的孩子，都會因為想要答對、想要贏，而願意積極參與。所以，只要我們能掌握提升孩子動機的方法，就能夠讓他學習寫字，或進行其他的學習。

• 適度的休息，讓孩子可以走得更遠 •

第三點，有技巧地讓孩子在寫作業時適度休息。

對孩子來說，寫作業實在是一件很耗心力的事情。成年人抄寫作業的過程，就像騎自行車一樣，一旦學會就不會忘記，所以我們不覺得這件事情有多困難。但對於孩子而言，每個過程都是需要花費他們的心力的，在不熟練的時候，當然很容易犯錯，容易覺得疲憊，寫功課不能專心，斷斷續續的。

事實上，很多心理學家都做過實驗，並且證明了：當人們在「集中注意力」一段時間之後，都會感到疲憊，這個疲憊不僅是生理上的疲憊，也是心理上的，自我控制能力下降，例如會更想去吃些高熱量的東西。這一點你可能也有體會，比如很疲憊的時候特別想吃炸雞；或是去逛PChome、淘寶、蝦皮，在沒有心力的情況下，自我控制能力下降了，可能就會亂買東西。

那孩子疲憊的時候呢？他們的自我控制能力下降後，可能就會很想去玩一玩，吃吃東西。你或許會問：之前你不是說不能讓零食來干擾孩子嗎？沒有錯，但爸爸媽媽可以設置成每隔一段時間，如果孩子集中精力十分鐘，就「獎勵」他可以休息一會兒，吃一塊餅乾或水果，既可達到休息的效果，又透過零食來獎勵孩子。

做事情需要花心力，代表孩子在集中注意力抄寫時容易疲憊，爸爸媽媽可別覺得他們是在找藉口，故意不一次把功課寫完哦！「獎勵」結合休息，一舉兩得。

心理學家爸爸的教養便利帖

注意力在孩子學習歷程中扮演非常重要的角色，大到未來的各種學業研究，小到當下最基礎的抄寫字詞，如果孩子暫時還做不到，爸爸媽媽可以怎麼做呢？

第一、降低門檻，讓抄寫變得容易；

第二、提升動機，讓抄寫變得有趣；

第三、讓孩子適度休息，讓抄寫變得輕鬆。

記住這三個原則，以及相應的做法，我們就可以幫助孩子在抄寫生字和詩詞這件事上，能夠保持更好的注意力，讓他們能更主動也更開心地來抄寫，更好地學習並感受文字之美。

Q4 孩子一做數學題就心不在焉，怎麼辦？

小孩子可能有兩大不喜歡的東西，一個是無聊的寫作業，另一個大概就是數學了。那麼，爸爸媽媽可以怎樣巧用創意，解決「孩子做數學題心不在焉」這個問題呢？

孩子的喜好決定了是否專心的難易程度

在這個問題上，我要分享的血淚故事不大多，因為我家老大剛好是很喜歡數學的孩子。我這麼說不是要炫耀，而是要跟大家分享，孩子會有不同的喜好。像是老大不喜歡抄寫，每次抄寫都心不在焉，但做數學題就很主動。這原因很容易理解：對不喜歡的東西，孩子當然會心不在焉；但對自己喜歡的東西，大人小孩都能夠集中注意力完成。

至於孩子為什麼會喜歡一些東西而討厭一些東西呢？或者說，為什麼這麼多東西，就是喜歡那一個？這有太多的可能性了，以下就最重要的兩點來說明：

沒人喜歡面對挫折

第一點，孩子一般會更喜歡那些成就感更高，或者挫折感更低的事情。這個在我家兩個孩子身上體現得非常明顯。

比如老大，他數學考試的分數遠遠好過國語，也比較容易因為數學的表現而被老師稱讚，這樣反過來又會激勵他，造成他越來越喜歡數學。老二也有類似的例子，例如他如果排積木被我和太太稱讚了，就會更專注地去排積木，而且會很驕傲地來跟我們做介紹：「爸爸，這個是汽車，這個是飛機。」

順便也要提醒一下爸爸媽媽們：如果你發現孩子對於某個科目的學習有挫折感，要趕緊介入，找到原因，並想辦法解決。幫助孩子在這個科目中，讓挫折感降低，並且得到更多成就感。

涉及不同的注意力運作

第二點，**數學和抄寫側重的注意力原理不同**。抄寫最關鍵的是要有好的「注意力移轉」，而解數學題仰賴孩子要能夠「警覺」以及「排除干擾」。如果孩子的警覺程度不佳，數學題就容易答錯，答錯後的負面反饋，就會讓他們不想繼續做數學題。而且，解數學題是需要孩子主動的，要主動就需要心無雜念，排除外界的干擾是很重要的。

怎麼提升孩子做數學時的專心程度？

在了解這些原因之後，我們可以怎樣提升孩子的數學能力，讓他們在做數學題的時候，也可以更集中注意力呢？對孩子來說，學習最重要的動力，就是興趣。所以，秘訣當然就是：**提升興趣**。

• 把數學遊戲化 •

我們用最基礎的「加減法」舉例。如果孩子不喜歡算數字，我們可以用撲克牌來代替。最簡單的玩法是，每個人抽兩張牌，誰的加起來更大就贏了。然後依次增加難度，每次抽三張牌、四張牌，孩子就會在不知不覺中練習了加法的運算。

如果想要讓孩子練習減法的時候，同樣是每個人每次抽兩張牌，看誰手上的牌相減之後，數字最大的就獲勝。

除了用撲克牌跟孩子玩「加減法」之外，有個這幾年還蠻受歡迎的**桌遊「沉睡皇后」**，是一個小女孩發明的，裡面就把數學的加減乘除運算融入遊戲環節中，也會是幫助孩子練習數學的好幫手！

從影片中學習數學

另外，我還要大力推薦一部**卡通片「佩佩與小貓」**（Peg & Cat），這部卡通片是教孩子數學的，最適合幼小銜接階段的孩子看，但要給更小的孩子看也是可以。在這部卡通片中，利用很自然的劇情發展，跟孩子介紹數學的各種觀念：大小、形狀、長度、加減等等。

舉例來說，有一集為了要告訴孩子一個數字可以拆解成不同的組合（例如10可以是1＋9、2＋8、3＋7、4＋6，還有5＋5），劇情就安排了佩佩和一群朋友要逃難，過程中他們必須躲在不同的遮蔽物後面，可是遮蔽物的大小不一，每個後面能躲的人數不同，但都會確保所有朋友都有躲起來，也就是確保數字總和是不變的。

除了數學概念的傳導之外，這部卡通片也不斷鼓勵孩子去思考別的解決方式，甚至會用不同的方式來解決同樣的困境，孩子們都會看得很有興致，成年人仔細去看，也不會覺得無聊！

心理學家爸爸的教養便利帖

講這些不同的方式，都是希望爸媽能夠激起孩子對數學的興趣。一旦孩子對數學感興趣，即使不小心犯錯，也不至於會讓他們打退堂鼓。另外，如果孩子對數學感興趣了，當遇上干擾的時候，自然也不用煩惱衝突排解的問題，因為數學是他們會投入專注的事物。而且不僅是數學，孩子在做任何事情都是如此。

Q 5 孩子在學校聽老師話，在家老是講不聽，怎麼辦？

老二所在的幼稚園，會給每個家長發一本叫「聯絡簿」的本子，每週會更新一次，上面記錄孩子當週的表現和老師的評語。我和太太看到老二老師寫的聯絡簿，經常都會用狐疑的眼神互看：這個，老師寫的真的是我們家的孩子嗎？

比方說，老師會寫說老二是個很貼心的孩子，會考慮其他小朋友的需要，例如當別人需要衛生紙的時候，他就會幫忙把衛生紙推過去。老師也說老二在學校會很認真地排積木，然後還會主動收拾玩具。

哪有！他在家裡明明就不是這樣啊，不但自己不能專心玩樂高，還去給哥哥搗亂，玩完我們還要跟他說：「你好好收拾玩具，你的朋友波力就會開心。」他才肯收拾。

所以，真的不能小看孩子的心思。一個才上小小班的孩子，就懂得「察言觀色」，知道在家裡可以輕鬆任性，但在學校就要表現乖巧一點。

為什麼孩子在家和在學校是兩個不同的人？

為什麼會這樣？那是因為一個人對於不同事物的注意程度有可能會是不同的。比如對電影、影片、手機這些有趣的東西，注意力程度會高一點，對於做抄寫、家務、工作這些無聊的東西就低一點。

環境不同，也會影響注意力的展現

而除了注意的事物，環境也會影響人的注意力。

一個人在不同環境下的注意程度也會不同。當環境充滿讓人分心的刺激時，人就自然不能集中注意力。現在的家庭裡一般都有手機、電視、平板電腦等等，再加上很多的玩具，都讓孩子容易分心。相對的，在幼兒園或是小學的環境就單純許多，多數幼兒園也會把玩具整齊擺放，不會讓孩子一眼就看到玩具，注意力自然比較能夠集中。另外，也有可能因為學校有一些家中沒有的大型遊樂設施，孩子在學校盡是想著要去玩那些遊樂設施，心思就無法集中在應該注意的事物上。

人也是重要的「環境」因素

當然，這個「環境」的不同，也包含了「人」。學校的環境裡，是老師；回到家裡，是爸媽。

孩子其實很聰明的，知道爸爸媽媽比老師還要寵自己，就會耍賴，覺得可以不用注意爸媽講的話。但在學校就不一樣了，老師一次要面對那麼多的孩子，不可能對每個孩子都有那麼多耐心，孩子在這樣的情況下，就必須要專心聽老師的每個指令，否則就會讓自己惹上麻煩。

不過，對有些孩子來說，其他孩子的存在也是很大的干擾，他們會忍不住就想要去跟別的孩子玩——所以，學校裡面對他們的干擾項目反而更多，在學校的時候反而更容易分心。

該怎麼解決孩子「兩面人」的問題？

那麼，我們要怎麼讓孩子在哪都能夠專心呢？

其實原則很簡單，也就是：兵來將擋，水來土掩。

找出會讓孩子分心的事物

比如，孩子總是瞄著玩具，你就把玩具收起來。不過有時候，孩子需要玩具放在明顯的位置陪著他，那就沒必要把玩具收起來，否則他一直惦記著，「我的玩具呢？會不會被偷走？」反而讓他更不能集中注意力。

同樣的道理，如果孩子覺得光太亮，就調暗一點；環境太吵，就降低干擾。而氣味也可能會影響孩子，家裡一些清潔劑的味道若會影響孩子的專注，也要做更換。

你可以仔細觀察孩子，如果你發現到，孩子會被哪些東西影響，就先幫他把這些干擾排除。

找出會影響孩子的「人禍」，對症下藥

關於人禍這件事情，我相信沒有爸爸媽媽會想要害孩子，但我們一些自以為聰明的做法，就會讓我們成為破壞孩子集中注意力的元兇。

說到這裡，其實要跟大家坦白一件事。雖然我是研究大腦的，也很懂提升注意力的道理，但我是個急性子的人，有時候急脾氣一上來，就會不小心成為這個元兇，幸好有我太太，比我更能看清楚狀況。例如，老大正在寫作業，而我在整理東西的時候，看到他的玩具在地上一團亂，我就會忍不住說：「哥哥，來收玩具。」但這時太太就會及時阻止我：「讓老大專心寫作業，玩具的事情可以等他寫完作業再來討論。」

所以，以下要給大家的兩點提醒，是非常重要的，如果你不想像我一樣成為元兇，就一定要記下來，並且身體力行。

(1)不要打斷孩子做事情。

(2)在對的時間做對的事情。

孩子要專心非常不容易，當他們要集中注意力做事情時，就不要打斷他們。像我自己就很常犯這個錯誤，一邊在整理孩子的東西，想到就會叫他一下，也沒有留意他在做什麼事情。

還有，要在對的時間做對的事。當孩子準備寫作業時，我們就不該去逗他們玩；而當孩子在玩的時候，我們也不要嘮叨他們作業怎麼還沒有寫。只要事先跟孩子約定好，哪些時間寫作業，哪些時間休息玩樂，就可以了。這樣孩子寫作業時也會比較專心，知道自己只要專心那一段時間，之後就可以放鬆了。

✔ 如果孩子是因為爸爸媽媽在，容易不專心，家長就該避免在孩子需要專心的時候出現。同樣的，如果是學校的同學或是老師的影響，也要想辦法做一些調整，以免影響孩子在學校的學習。

幫助孩子養成習慣：看到爸媽就知道要警覺、要集中注意力

那要怎麼讓孩子像在學校一樣，在家也當個會「聽話」的小孩呢？

像我家如果要讓老大專心聽我們講話，我太太就會跟他玩「媽媽說」的遊戲，只有在我們講的話前面有加上「媽媽說」，他才要照做。

例如，她會說「媽媽說坐下」，看看老大有沒有坐下；然後說「站起來」，這時候因為指令沒有加上媽媽說，老大其實不應該站起來，但就看他有沒有上當。剛開始玩這遊戲的時候，老大還蠻容易上當的，玩一陣子後就習慣了，會知道要注意聽，不要立刻急著做動作。

不過，我想大家也不希望孩子看到自己的時候，總是感到很緊張，「怎麼辦，爸爸來了，我要專心點，不然要被罵了。」那就幫自己取個有威嚴的名字，像我在家裡就叫「老虎爸爸」，每當需要孩子警覺、集中注意力時，就說：「老虎爸爸來囉～」

透過跟孩子玩「媽媽說」的方式，可以訓練孩子的警覺以及衝突排解的能力，對孩子來說是個很好的訓練，而且他們接受度也很高。

如果孩子是在家乖，在學校老出狀況，怎麼辦？

另外還有一點：有的孩子情況不同。有些孩子是在家都很乖，可是老師常常打小報告，說孩子在學校開小差、走神。面對這樣的狀況，爸爸媽媽該怎麼做呢？

了解實際狀況很重要

首先，爸爸媽媽得花點時間去學校實地觀察孩子上課的狀況。了解真實狀況後，才知道孩子的問題出在什麼地方。

有些孩子是因為老師教得太難或太簡單，導致他們無法集中注意力。如果是這種狀況，還比較容易解決，可以跟老師溝通——孩子程度比較好的，就請老師幫他安排一些別的任務；孩子程度比較差，爸爸媽媽就要費一點心，幫孩子補強，讓他可以早點跟上其他同學的學習進度。

但是，如果孩子不能夠集中注意力，是因為有特定的同學會對他造成干擾，那就要請老師協助安排座位，讓孩子換一個環境。不過，你家的孩子若是那個干擾其他同學的人，家長就要好好跟孩子溝通，了解他為什麼要去干擾別人。

最棘手的狀況是，老師自己就是造成孩子在學校不能集中注意力的原因，那就必須多跟老師做一些溝通，看看有沒有改善的可能性。如果真的無法配合，也只好考慮換個班級或學校了。

心理學家爸爸的教養便利帖

談到人對孩子注意力的影響，不論是爸爸媽媽、同學還是老師，雖然情況看起來不盡相同，但要解決這些問題的步驟都是一樣的。要先了解狀況，然後針對不同的情況，以及影響孩子注意力的因素，逐個排解。

由於孩子大腦發育還不完全，自我控制的能力比較差，所以環境因素對他們的影響很大，幫孩子安排一個容易集中注意力的環境是很重要的，而且爸爸媽媽要避免自己成為孩子不能集中注意力的元兇。

「人禍」不一定容易改善，所以協助孩子提升自我控制的能力，盡量不要受到他人的影響，也是很重要的一環。

Q 6 孩子玩玩具或是做事情都只有三分鐘熱度，怎麼辦？

我記得小時候家附近有個店，裡面有很多玩具，比如聖鬥士星矢、變形金剛。每次我和弟弟經過，都會在那裡看很久，很想要這些玩具。但在這件事上，我和弟弟是兩種完全不同的做法：

我總是會先想好要哪個玩具，等過年拿到壓歲錢或過生日時，就可以去買回來；但我弟弟就不一樣了，他每次都會很積極地求爸爸媽媽去買，然後玩具買回來之後，很快又想要買下一個，有時候更誇張，眼前想要的玩具還沒有買到，他就已經開始計畫下一個想要買哪個了。

這種現象，相信很多父母也都難免遇到過，孩子想要一個新玩具，但買回來玩一下就沒興趣了，然後又開始說想要新玩具。

怎麼辦？如果每次都答應，玩具一個一個買，實在是很不環保，又有點浪費金錢，而且每次都縱容他的話，也會讓孩子覺得「來得很容易」，有這樣不好的心態，孩子可能會漸漸變得任性。

孩子三分鐘熱度的狀況和注意力有關係嗎？

不停想要新玩具、對事情只有三分鐘熱度，這問題和注意力有關係嗎？

答案是：有的。

大腦本來就喜新厭舊

雖然我自己也是這種行為的受害者，但是我現在又要幫孩子們說幾句話了。會有這種三分鐘熱度、喜新厭舊的行為，真的不是他們故意的。因為，我們大腦的運作就是要我們喜新厭舊啊！

這可不是在開玩笑哦！有心理學家就做過這樣的實驗：給一個人看有人臉的照片，在專業的儀器（功能性磁振造影儀）下，就會看到這個人的大腦中，跟處理人臉有關係的腦區會亮起來，說明這個腦區很活躍；但如果讓他重複看同樣的照片，會看到這個腦區的活躍程度逐漸下降，甚至波瀾不驚，也就是說，大腦會當作什麼都沒看到。

所以，除非一個東西對我們很重要，否則我們的注意力不會持續太久。可是儘管道理想得很清楚，聽到孩子鬧著想要新玩具，做爸媽的總是於心不忍，很為難哪～

該怎麼解決孩子三分鐘熱度的問題？

以孩子對玩具的三分鐘熱度為例子，我可以跟大家分享三個我用錢買來的心得：

• 經典不敗 •

你可以買那種經典款的玩具，不要一味的跟風。因為當紅的卡通形象玩具會賣得很貴，可是一旦這股風潮過去，人物不紅了，孩子可能就不想玩了。

觀察孩子真正的喜好

你可以觀察一下孩子真正的喜好。有時候老大會吵著要樂高，我就會去買很多系列回來，比如員警系列、消防局系列等等。但我後來才發現：原來老大真正喜歡的，只是其中的人物，而不是一整套的警察局，所以從那之後我就只會買人物，不會再買系列樂高了。

小別勝新歡

你可以學習一些博物館「隔段時間換一些展品」的做法。同樣的，你可以把孩子的一些玩具收起來，等過一段時間再找出來給他們玩，孩子就會覺得有新鮮感，又會玩上一陣子。

在老大身上，這個效果特別明顯，因為他長大了，我們會把一些他小時候玩的玩具先收起來，現在到了適合老二玩的年紀，就又把這些玩具拿出來，沒想到老大居然不愛玩他的樂高，反而對這些適合小小孩的玩具很有興趣，讓我有點哭笑不得。

其實針對孩子學才藝，你也可以掌握這幾個原則，像是在答應要讓孩子上才藝班之前，要非常確認他真的對這個才藝是感興趣的。另外，一開始最好是學習一些比較通才型的才藝，例如美術啟蒙，而不是馬上就跳進專門的領域，比如水彩畫、素描等等。孩子可能對美術感興趣，但是並不一定喜歡水彩畫，如果一開始就去學水彩畫，當然很容易只有三分鐘的熱度。

除了消極的做法，你也有積極的選擇

但是，如果從腦科學角度，還有心理學角度看待育兒這件事，我要告訴你一些特別的、更積極看待這件事的方法。

請爸爸媽媽們要記住兩點：訓練孩子耐心，鼓勵彈性思考。注意哦，這兩點很厲害，不但可以應用到玩具，還可以借用到孩子的學習上。

訓練孩子的耐心

爸爸媽媽都是過來人，都知道有些好東西，必須要沉澱一段時間才能夠體會。先前我提到的「一二三木頭人」遊戲就是一個培養孩子耐心的做法。或者，你也可以跟孩子比賽「看誰先說話」，兩個人都不可以說話，然後憋不住先說話的人就輸了，這也是簡單又有趣的訓練方式。

而且，孩子的「耐心、自我控制」也可以遷移到學習上來。

現在市面上有一種「數字油畫」，只要照著圖上的說明，比如，1用紅色、2用黃色等等，就可以畫出一幅美麗的油畫。當你從1開始畫的時候，很難看出來這幅畫究竟會變成什麼樣，但慢慢的，就會看到畫的美麗樣貌。

這讓我想起，小時候媽媽會買一種特別的練習本給我和弟弟，其中有一個部分是趣味故事，上面有標記，哪些字在哪一課會學到，也就是說，得等到所有字都學會之後，才能讀懂這個趣味故事。

我其實還蠻喜歡這種等待的過程，因為我知道等到我全部的字都學完之後，就可以讀懂這個故事了，享受這個讀懂的快樂做為獎賞。

像這樣的訓練，很容易套用在孩子的學習上。我們要想辦法讓孩子知道，知識的積累是很重要的，當我們有耐心地累積了更多的知識，你也會越來越能看清楚事物的面貌。

鼓勵彈性思考

事物都是有很多面向的，我們要多鼓勵孩子去發掘。比如，同一個玩具，雖然本來有一個固定的功能，但也可以拿來做別的事情。例如可以告訴孩子，用樂高積木做一個箱子，然後就能拿這個箱子去裝別的玩具。

此外，爸爸媽媽也可以在日常生活中，常常透過一物多用的方式，讓孩子知道同一個東西，可以有很多不同的用途，鼓勵他們彈性思考。而且爸爸媽媽身體力行很重要，例如我太太會留下寶特瓶的下半部，讓小朋友畫水彩的時候用來裝水、裝畫筆。因為爸媽的行為，對孩子來說會是最好的學習，所以請爸爸媽媽千萬別錯過這些「做榜樣」的機會。

如果孩子能夠從不同面向去看同一個東西，每次都會有新鮮的體驗，注意力也可以持續得久一點。

不只對玩玩具有效，也對學習有效

那這個部分要如何應用到孩子的學習上來呢？

關鍵在於要讓孩子知道他所學習的東西是環環相扣的，所以在學數學的時候，可以讓他知道數學不是只有在學校考試的時候才會用到，在生活中諸如買東西、賣東西都會用到數學。

比如，你可以在週末帶孩子去社區小商店買幾樣小東西，在結帳之前留一點時間，先讓孩子算一下，需要多少錢，然後在結帳時還有一個機會：你可以掏出一張大鈔，讓孩子也幫老闆算一下，需要找多少錢。在這種公開的場合，有時候還可能會受到商店老闆或其他客人的表揚，孩子也會更自信。

當然，如果孩子一時算不出來，也可以鼓勵他，然後在他答對的時候，好好地表揚他，相信我，孩子會越來越喜歡算術這件事，自信心也會越來越強。

心理學家爸爸的教養便利帖

三分鐘熱度雖然是天性，但並不表示沒辦法改變。

除了買玩具和處理玩具的時候，爸爸媽媽可以有心機一點，我們還能透過培養孩子的耐心，以及鼓勵孩子彈性思考的方式，讓孩子對一件事物的注意力更持久一點。對玩具如此，對學習也一樣。

Q 7 孩子愛玩手機、看影片，對其他事都意興闌珊，怎麼辦？

不可諱言的，手機帶給我們生活很多的便利，但也帶來不少困擾，所以常常會聽到很多爸爸媽媽抱怨，孩子只要一開始玩手機上的遊戲或是看影片，就怎麼叫都叫不動，令人非常苦惱。

有些爸爸媽媽會很蠻橫的把手機搶走，結果孩子哭了、生氣了，反而造成親子關係緊張。有些爸爸媽媽則是刀子口、豆腐心，嘴巴上數落孩子不可以沉迷在手機上，實際上又放縱孩子使用。

為什麼孩子會為手機著迷？

我要告訴大家，孩子會為手機著迷，真的不是他們單方面的錯，因為手機上的遊戲、影片素材，本來就是容易吸引我們的注意力。

在心理學的研究裡，我們把人的注意力系統分為兩大類：一類是所謂「由下而上的系統」，像是我們很容易被強烈的感官刺激吸引，就是這個道理；另外一類是「由上而下的系統」，也就是我們主觀上覺得該去注意的事物，像是你去搭火車的時候，要看從哪一個剪票口進車站，這個就是由上而下的注意力運作。

而遊戲、影片等等孩子特別喜歡的那些素材，由於感官刺激強烈，就會通過由下而上的系統來影響孩子；另一方面，一旦孩子對這類素材產生了偏好，也會有由上而下的動力，會想要去專注在這些素材上。

孩子已經成癮了，怎麼辦？

如果孩子已經對這些素材成癮的狀況有點嚴重，請記得要循序漸進去做改善，而不是希望孩子立刻就會戒掉對這些素材的著迷狀況。而循序調整的具體做法是：

約定使用時間

你可以跟孩子約定一次可以使用的時間。對小學生來說，我建議一次十五分鐘已經相當足夠了。記得，你一定要設定一個計時的鬧鐘，時間一到就請孩子把手機放下，務必要堅持這個原則。同時，如果你約定孩子一天可以使用多久，也要守信用，不能失信於孩子。

接觸手機上的優質素材

你可以鼓勵孩子去接觸一些寓教於樂的素材，讓孩子本質上覺得自己在玩遊戲、看影片，但實際上也吸收了知識。不過，即使是讓孩子接觸這類的素材，也不要太長時間使用，否則同樣對孩子是不好的。

培養孩子對其他事物的興趣

多開發孩子其他方面的興趣，也會降低他們對於手機遊戲、影片的黏著程度。這世界上有意思的東西真是太多了，爸爸媽媽應該多帶孩子去做不同的體驗，讓孩子找到一些他喜歡的事物。我知道這麼做看起來比較麻煩，但你真正去做，你會發現，孩子其實是可以一整天不接觸手機，而且也會很開心。

像我在家裡，就會用盡各種不同的方式，引導孩子不要吵著去玩電子遊戲，或是看影片。我會講故事、跟他們玩桌上遊戲，或是帶他們做些小點心等等，總之，有很多事情是可以做的。

孩子還沒有成癮，你可以這樣預防

你可以從培養孩子控制自己注意力轉移的能力著手，預防他們未來哪天上癮了，你就可以利用已經訓練孩子的能力來協助他們。

首先，爸爸媽媽可以透過遊戲，培養孩子轉移注意力的能力。例如找一副撲克牌，把牌面都向上翻，然後隨機擺放，請孩子照一個特定的模式來拿卡牌，例如拿黑桃A，之後要拿紅心A，接著拿黑桃2、紅心2，一直到最後拿到紅心K才結束。你可以幫孩子計時，看看孩子找的速度是不是有變快了，或是先讓孩子找到5之後，你再從另一個花色的A開始找，看看誰先找完，就獲勝了。你也可以準備兩副撲克牌，其中一副是完全攤開的，另一副則是疊起來，然後每次抽一張牌，看看誰先找到同樣的牌，就可以得到一分，最後統計誰的分數多就獲勝。

另外，你也可以訓練孩子在不同狀態間做轉換，像是一下說要原地跳，一下說要轉圈等等，這個活動的用意，也是要強化孩子自我控制的能力。更進階做法，是讓孩子在動、靜之間做轉換，像是有些老師為了要維持班上秩序，會跟學生培養一個默契，就是當老師說「某年某班」的時候，大家就要齊聲說：「靜悄悄。」並且保持安靜。這樣的口訣很容易，多跟孩子練習，也有助於孩子切換自己的狀態。

善用孩子對手機、影片的著迷來訓練孩子

總的來說，我們沒有必要嚴禁孩子接觸手機遊戲、影片等等，而是要訓練他們可以自我控制，知道要在對的時間點，把注意力放在對的事物上。瑞士蘇黎世大學就曾經做

過一個研究，他們比較了那些從小被限制可以玩多少電玩的人和沒有被限制的人，在進入大學後的學業成就是否會有差異。結果發現，那些沒有被限制可以玩多少電玩的人，因為從小有自我控制的機會，進入沒有人約束的大學環境，反而不會手足無措，學業成就甚至會比較好。

最好的注意力展現，不是只有在寫作業的時候專心，而是要專心的寫作業，也能夠專心的玩，並且在該需要切換任務時，可以快速的轉換。這個能力的培養，對孩子的未來是非常重要的，你對照一下自己的日常作息就會發現，自己常耍在很多工作間切換。那些擁有最高效率的人，往往不是成天埋首在工作中的人，而是那些該專心的時候專心，該放鬆的時候放鬆，對於注意力收放自如的人。

心理學家爸爸的教養便利帖

針對成癮的孩子，我們要想辦法讓他對其他事情感興趣，逐步改善手機成癮的狀況。對於還沒有成癮的孩子，我們可以透過訓練孩子任務轉移的能力，讓他未來在玩手機和做正經事之間能夠快速轉換。

Q 8 孩子在書桌坐不住，心不在此，怎麼辦？

孩子表面上不專心比較容易被發現，也比較容易被處理。但有些孩子的狀況是，看起來很認真，但實際上心不在焉。像我家老大，寫作業的時候，如果心裡有別的事情，就會寫了老半天，結果連一頁都沒有寫完。

為什麼孩子會心不在焉？

孩子外在表現很認真，內在卻早早就放飛，其實說穿了原因很簡單。關鍵在於：不喜歡。

做不喜歡的事情當然心不在焉

孩子會有這樣的狀況，大人其實要好好檢討，為什麼要逼孩子做他不喜歡的事情？如果孩子可以自由選擇他想要做的事情，就不會有心不在焉的問題。不過，人在江湖身不由己，我們現行的教育體制多數還沒有那麼開放，沒辦法讓孩子自由地發揮。

孩子不喜歡延宕滿足

有蠻多事情的樂趣都不是一開始就能夠品嘗到的，像是學習認字和閱讀，對不少孩子來說是很大的挑戰。但是，如果他們可以撐過最初痛苦的階段，後來就會慢慢享受到認字、閱讀的好處。所以，爸爸媽媽可以引導孩子多堅持一下，一旦孩子發現到樂趣，就不會心不在焉了。

這一點在我家老大身上也有很明顯的差異，他在口語表達上沒有問題，但是不喜歡認字，寫字也常寫出同音字的錯字，令人很頭痛。不過，自從升上三年級，因為認識的字有一定的量了，他發現自己閱讀，即使不查字典也可以有一定程度的理解，就開始會自己抱著書看，讓我們非常驚喜。而為了鼓勵老大多閱讀，我們也開放讓他閱讀漫畫的選項，像他就很喜歡看漫畫《名偵探柯南》，喜歡到甚至會願意選擇漫畫，而放棄不玩平板上的遊戲。

我們要怎麼協助孩子呢？

面對孩子心不在焉的狀況，我認為要依據事情的重要性，採取不同的做法。

針對比較不重要的事情

如果需要完成的事情，並不是特別重要，或是沒有那麼急著需要完成的，你可以不用逼孩子一定要即刻做好，而是讓孩子自己規劃要在什麼時候完成它。

不過要記住，孩子一旦做了承諾，規劃好完成日期，你千萬不可以手軟，要確認他之後有完成，否則就應該要受到懲罰。

有些爸媽會認為孩子什麼時間點就該做什麼事情，如果沒有完成，就是不OK的。這樣的想法很高壓，而且很過時，你應該要讓孩子練習有一些主控權，讓他們可以針對自己的事情，做一些決定，並且練習承擔責任。你越早讓孩子練習為自己負責，對於他額葉的發育也有促進效果，總之就是好處多多。

有一些事情，我甚至認為是可以選擇放棄、不要完成的。與其浪費時間精力在一件自己根本不看重的事情，不如把資源用在別的地方。當然，要做這樣的決定必須要很審慎，而且需要讓孩子承擔部分的責任。像是有的老師會讓孩子自由選擇參加一些比賽，但有些爸爸媽媽會覺得別人的孩子都參加了，自己的孩子一定也要參加。其實如果孩子真的對這件事情沒興趣，那麼真的沒有必要為難彼此，還不如把時間拿去做其他更有意義的事情。所以，爸爸媽媽跟孩子一樣，都需要練習有捨有得！

針對比較重要的事情

比較重要的事情，有比較大的壓力要完成，所以彈性也比較少。我會建議讓孩子先做嘗試，如果你發現孩子嘗試後，效率很差，可以跟孩子溝通，看要不要先休息一下，然後再來做這件事情。

另外，很多時候孩子會磨蹭、拖延，和任務太困難也有一些關係。在拖延症的研究中，確實也發現到：很多人會拖延的緣故，和任務太難，自覺無法完成是有關聯性的。所以，你可以嘗試把複雜的任務簡化，讓孩子每次只需要完成一小部分，孩子就不會覺得這件事情很困難，不想要積極的完成。

還有就像之前提到的，我為了要讓孩子寫字，就把寫字變成遊戲，你也可以把孩子需要完成的事情遊戲化。你可能會覺得不一定所有事情都能遊戲化（雖然我覺得是可以的，只是需要發揮一些巧思），但你總是可以透過一些外加的獎賞，來提升孩子對這件事情的興致。

這樣的做法，雖然表面上看起來效率不彰，但其實在準備好的時候才去做，反而會比較有效率呢！

你還可以這樣做

孩子不可能喜歡所有他要做的事情，我們也沒有辦法時時都陪伴他們，所以爸爸媽媽要引導孩子一些做事情的方法——像是把任務拆解，或是把任務趣味化，都是值得訓練孩子的做法。

你可以在跟孩子一起做事情的時候，告訴他要完成這個任務，包含哪些步驟，只要一步一步去完成就行了。或者你也可以拿孩子熟悉的玩具，問他說要玩這個玩具，需要有哪些步驟，是不是有一個特定的組合順序呢？總之，就是要讓孩子熟悉把困難的任務拆解成小任務，再逐步去完成。

心理學家爸爸的教養便利帖

記住！孩子要對需要完成的事情感興趣，才會有好的效率，也不會心不在焉。所以，爸爸媽媽不要把焦點放在事情有沒有完成，而是要想辦法讓孩子對這件事情感興趣，再引導他們拆解任務，然後逐步完成。

Q 9 孩子老是喜歡一心二用，該禁止他這樣做嗎？

有時候孩子必須要完成作業，但是又想要看卡通，就會求你把電視開著，他只會用聽的。你會怎麼回應孩子呢？

對多數的孩子來說，他們不可能一邊聽卡通，一邊有效率的完成作業。所以，你應該要拒絕孩子這樣的請求，因為他們是沒有辦法一心二用的。

其實不僅孩子如此，成年人也是一樣，我們很多時候以為自己同時間做兩件事情會比較快速，事實上都是比較慢的。心理學的研究就發現了，同時間做兩件事情，效率會比較差，除非一件事情已經是完全自動化，不需要仰賴額外的資源也能夠處理，否則與其一心二用，同時做兩件事，不如一次把一件事情做好。

為什麼人不能一心二用？

道理很簡單，因為我們做事情的時候都需要一個中央處理器，而人類的中央處理器基本上是單核的，不像現在的手機或是電腦，會號稱是雙核心或是四核心的運作。也因為是單核心的，如果同時間要處理兩件事情，那麼每件事情可以分配到的處理器資源就會變少。

那為什麼有些人看起來可以一心二用呢？那是因為至少其中一個任務是他很熟悉的，所以他的處理器不用分配太多資源在那件事情上面，你就會覺得他是可以一心二用的。我必須很遺憾地告訴大家，多數的人在多數的事情上，都是沒有辦法自動化的，都會因為一心二用而耗損資源。

另外，如果其中一個任務是很吸引人的，想要一心二用就更不可能了。像是孩子幻想自己可以邊聽卡通邊寫作業，基本上就是天方夜譚。不過，爸爸媽媽也不用拆穿他，而是要幫他記錄一邊聽卡通，一邊寫作業的效率，還有專心寫作業的效率。兩相比較之下，孩子就會知道，下次不可以再這樣了。

爸爸媽媽可以怎麼做？

面對孩子一心二用的狀況，首先一定要讓孩子體認到一心二用是行不通的，他們才會願意配合。而身為爸爸媽媽的，也要練習做兩件事情：

(1)自己當好榜樣，不要一心二用。

(2)當孩子在做一件事情時，不要打擾他們，讓他們不需要一心二用。

鼓勵孩子一次做一件事情

針對孩子的部分，爸爸媽媽要鼓勵孩子一次只做一件事情，讓他們在做事情之前，練習規劃自己的時間，例如安排三十分鐘寫國語作業、三十分鐘寫數學作業等等。在寫國語的時候，就專心寫國語作業，而不是一邊擔心自己數學作業沒有辦法寫完。

一次只專心做一件事情，有幾個優點：首先，不會因為擔心另一件事情的進度，而放慢了自己的效率；其次，有時間限制，也會讓自己做事情更有效率，比較不會有拖延的狀況。

要一次只專心做一件事情，需要孩子有良好的衝突排解能力，以及要能夠快速轉移自己的注意力。所以，也可以透過提升孩子注意力轉移和衝突排解的能力，來讓孩子更能夠一次只專心做一件事情。

練習排優先順序

對孩子來說，他們的人生還沒有面臨需要做很多選擇，最困難的選擇大概就是今天要吃麥當勞還是肯德基，僅此而已。所以，孩子還沒有強烈意識到把事物依據重要性來排序的重要性，才會什麼都想要，容易有一心二用或是多用的狀況。

因此，爸爸媽媽可以利用各式各樣的機會，讓孩子練習做排序，比方說帶孩子去超商買東西，但是規定只能夠買一個東西。當孩子陷入選擇困難時，你可以幫孩子分析，每個選項的優缺點，讓孩子自己來做判斷。

像是我們之前去旅行的時候，孩子可以選小零食，我就會跟他們說：「你們看，這個有好幾包小包的，你們每次也吃不多，選這個比較好，可以多品嘗不同的口味，而且每次一小包，分量也剛剛好。」

孩子若熟悉了這樣的排序練習，你在他想要一心二用的時候，就可以提醒他，一次只能做一件事情，那麼他會想要先做哪一件事情呢？透過這樣的方式，來引導孩子一次專心做一件事情。

心理學家爸爸的教養便利帖

一心二用是很多成年人也會犯的錯誤，如果你希望孩子不要一心二用，一定要讓他們感受到這樣的做法是比較不好的。此外，你可以透過行為模式的養成，以及優先排序的練習，引導孩子一次只做一件事情。當然，你的身教還是最好的範例，所以下次不要一邊看手機，一邊育兒了！

Q10 孩子做事情拖拖拉拉，不認真，怎麼辦？

我相信很多爸媽都曾經有過因為叫孩子做事情而抓狂的經驗，像我家老大每次回家東西都亂放，喊他好多次，還是不願意把東西放到該擺放的位置，總是要等到我們動怒了，他才會心不甘情不願的去做。

為什麼孩子做事會有拖延的現象？

簡單來說，就是孩子對於你要他做的事情不感興趣，不想要去完成它。這個現象不是孩子專屬的，你自己應該也曾對不想做的事情有拖延的狀況，我知道不少上班族總是把自己最不喜歡的工作擺在最後面。所以，拖延症的成因之一，就是和興趣有關係，對於不感興趣的事情，我們也越沒有動力去完成。

而對孩子來說，除了缺乏興趣之外，還有一個原因，就是孩子高估了自己做事情的能力。他們會覺得自己只要花一小段時間，就能夠完成複雜的任務，所以沒有必要那麼早就開始做。

換句話說，從孩子的觀點，他們根本不覺得自己在拖延，是爸爸媽媽太急躁了！我家老大就因為這件事情，吃過虧，在剛上小學的時候，他總覺得自己寫作業不需要花太多時間，就會磨磨蹭蹭，不願意去寫作業。在經歷過幾次寫作業寫到晚上十點多的經驗之後，他就知道自己花在寫作業上面的時間，比他預期的要長得多，也就比較不會有拖拉的現象。

第三個原因，和爸爸媽媽的教養方式有關係。

有些爸爸媽媽沒有原則，如果孩子在時間期限內沒辦法完成重要的任務，他們就會放寬標準，或是協助孩子完成。一旦你讓孩子嘗過甜頭，之後他就會覺得拖拉很好，反正有人會幫我完成。

爸爸媽媽又可以怎麼做呢？

孩子做事情拖拖拉拉，多數的原因和注意力沒有直接關係，除了「提升孩子興趣」這件事情。

提升孩子對事物的興趣

我們可以訓練孩子找出對不同事物的樂趣，一旦對這些事物感興趣，自然就會投注比較多的注意力在上面。像是如果孩子不喜歡數學，爸爸媽媽可以套用孩子喜歡的卡通人物在數學解題上面，那麼就能夠提升孩子對解數學題的興趣，他也比較不會有拖拖拉拉的狀況。

或者你也可以從另一個角度出發，就是降低孩子對干擾事物的興趣，這個部分就涉及到了衝突排解的能力。很多時候，孩子會拖拖拉拉，就是因為他對別的事情感興趣，像是你請他去房間拿東西，可是電視上正播放他最喜歡看的卡通，他肯定是眼睛一直黏在電視上，遲遲不願意去房間拿東西。

提升孩子對事物的興趣，以及提升他們衝突排解的能力，對於降低孩子拖拉的狀況是有幫助的，爸爸媽媽可以參考前面提到的做法。

死線的魔力

另外，拖拉的原因和時間壓力有著奇特的關係，人們在有時間壓力的情形下，拖拉的狀況就會比較不嚴重。像我觀察學生繳交作業的時間點，就會發現高峰是在截止前的二十四小時，這件事情屢試不爽，不論有多少時間可以寫作業，學生總是拖到最後一刻才會去做這件事。

而對孩子來說，可能很多事情是沒有一個截止時間的，也就沒有所謂的完成壓力。

那麼，我們可以藉由限時完成的做法，來降低孩子拖拉的狀況。

我和太太很習慣幫孩子設立時間限制，不論是收玩具或是寫作業都是如此，甚至有時候孩子還會主動要求我們幫他們計時。通常有了計時的機制，孩子拖拉的狀況都會緩解不少。其實計時也沒有那麼嚴肅，像是孩子若是要收玩具，我們就會播放一首歌曲，要求他們在歌曲結束前收完。所以，如果你到我家聽到「帥到分手」的音樂，很有可能就是因為孩子們在收拾玩具！

心理學家爸爸的教養便利帖

小孩子拖拉的原因有很多種，爸爸媽媽要搞清楚孩子拖拖拉拉的原因是什麼，對症下藥，才會有更好的成效。

Q

11 孩子一臉有聽沒有懂，就是注意力不集中嗎？

如果你請孩子做一件事情，結果他沒有照做，你是否會歸咎於孩子注意力不集中呢?表面上看起來是如此，因為孩子可能警覺力不足，所以沒有聽進去你交代的指令，另外也有可能是衝突排解能力不好，在執行任務的過程中，受到了干擾，沒有能夠如期完成任務。

有聽沒有懂，可能和注意力不集中無關

但是，我要告訴各位爸爸媽媽，這背後還有很多其他的可能性。

首先，孩子可能不了解你要他做的事情是什麼。說到這，我想先分享一個讓我哭笑不得的例子：當兵的時候，有一次我請鄰兵幫我買Airwave口香糖，結果他買了另一個牌子的口香糖回來，我有點惱怒地問他：「你為什麼買錯了？」他回我：「班長，我英文不好。」

很多時候，我們以為對方能夠理解我們講的話，但實際上不然，孩子跟爸爸媽媽年紀差這麼多，更容易發生這樣的狀況。我曾經有幾次很懶惰，請孩子幫忙傳話給太太。雖然我明知道要孩子傳的話，是孩子還不懂的，但實在太懶惰了，結果太太聽得一臉狐疑，就跑過來問我：「你到底請孩子跟我講什麼事情？」

其次，孩子有可能聽懂，但是間隔時間太長就忘記了。這也是不無可能的，孩子的記性還沒有成人好，如果不是跟他自身有關的訊息，記得會更差。

另外還有一種可能，就是孩子可能當時沒有聽到你講的話，因為那時候聽力不好。

最後，才是孩子真的可能沒有專心在聽，所以有聽沒有懂。

我鼓勵各位爸爸媽媽，在孩子表現不如預期時，先釐清問題出在哪裡，再決定要怎麼和孩子互動，不要輕易就下定論，否則萬一冤枉了孩子，對親子關係也不好。

如果孩子真的是注意力不集中，該怎麼辦？

雖然孩子有聽沒有懂，可能是由很多原因造成的。但如果真的是注意力的問題，所以有這樣的現象，我們可以怎麼做呢？

確認孩子真的有聽進去

跟孩子交代任務，一定要和孩子眼神交會，並且清楚做交代。

你可以要求孩子重複一次你的指令，或是用提問的方式，來確認孩子有理解。比方說，你要請孩子拿電話進去房間給媽媽，在講完這個指令之後，你可以問孩子：「電話是要拿給誰啊？」或是在電話還沒有交給他的時候，問孩子是要拿什麼東西給媽媽。

很多時候，孩子因為心上有別的要做的事情，對於你交代的事會心不在焉，所以你一定要再三確認孩子真的懂了。另外，我也要提醒爸爸媽媽，不要在請孩子做事情之前，先說你會給他什麼獎賞，否則孩子滿腦子想著獎賞，根本不會好好做事情。

・訓練孩子速戰速決・

當你在交付任務給孩子之後，若他們沒有馬上執行，身邊干擾訊息就會越來越多。所以，爸爸媽媽要訓練孩子速戰速決，在聽到要做什麼事情時，就立刻去做，不要在那邊磨蹭。

這個其實很容易，你可以用限時的做法，增添一點趣味性。比如，你可以跟孩子玩「支援前線」的遊戲，這個遊戲就是你要請孩子提供一些特定數量的物品給你，像是要孩子找三台玩具汽車、五個紅色的樂高積木等等。你可以計算孩子在一定的時間內，可完成幾項支援前線的任務，孩子一定會玩得很開心。

一旦孩子孰悉這樣的遊戲型態，之後你要請他做事情的時候，就可以跟他說，現在你要來支援爸爸或是媽媽，你的任務是什麼，孩子就會知道要快速完成這項任務。

在玩「支援前線」這個遊戲的過程中，其實也會訓練孩子的警覺以及注意力轉移的能力，因為你可以請孩子找一些很特定的東西，他就必須要有好的警覺和注意力轉移能力，才能夠成功完成任務。

心理學家爸爸的教養便利帖

面對孩子一些看起來是注意力不足的缺失，爸爸媽媽不要太急著責難孩子，因為背後可能會有很多的原因。如果確認是注意力方面的問題，也可以對症下藥來解決。

Q

12 孩子愛吃糖，就會有注意力不足過動症嗎？

對於孩子吃糖這件事情，很多人的態度都是偏負面的，一方面是這跟孩子蛀牙以及肥胖有關係，另外就是在媒體的推波助瀾之下，不少爸爸媽媽也相信吃糖會導致孩子過度亢奮，甚至有注意力不足過動症的狀況。

幾年前，BBC也有製播一個節目，讓觀眾看到孩子若攝取過多的糖，對於他們日常的作息有很大的影響。但是，美國醫學學會期刊曾經有研究，比較了很多醣類攝取與孩子認知行為之間的關聯性，他們的結論是：並沒有看到醣類攝取和孩子的認知與行為之間有什麼顯著的關聯。

不過，他們也不排除醣類或許對一些孩子有害的可能性。

吃糖對孩子或許是有一些不好的影響，也有研究發現，有些醣類攝取較多的孩子會有類似注意力不足過動症孩子的過動行為模式。但還沒有研究實際證實醣類的攝取，會造成注意力不足過動症的發生，因為這樣的研究是不符合研究倫理的。所以，多數的研究採取兩種做法：一、短期觀察醣類攝取對孩子的影響；二、利用問卷調查孩子的醣類攝取，並且記錄他們注意力的行為表現。

第一種做法雖然能夠做因果推論，但因為是短期的，沒有辦法證明短期的注意力改變，就會變成注意力不足過動症。而第二種做法只能探討不同因素之間的關聯性，不能說明到底哪個因素是原因，哪個因素是結果，所以即使醣類攝取與注意力不足過動症之間有顯著的關聯性，還是不能說醣類攝取就是導致注意力不足過動症的元兇。

根據目前比較有公信力的研究報告顯示，**醣類對注意力的影響是有特定性的，有些孩子比較容易因為醣類的攝取，就有過動的行為傾向**。不過，目前還不清楚這樣的行為傾向是否會導致注意力不足過動症的病發。

我再提一個很有意思的研究，巴西佩洛塔斯大學（University of Pelatos）有研究團隊長期記錄孩子醣類的攝取以及他們注意力的狀況，雖然他們發現孩子在六歲時，醣類的攝取與注意力表現之間有關聯性，但是之後就沒有關係了，即使醣類攝取的狀況沒有明顯改變。所以，要說醣類會導致注意力不足過動症，仍言之過早。這個研究團隊認為，醣類攝取的增加，可能是注意力不足過動症的結果，而不是原因——也就是說，注意力不足過動症的孩子會想要多吃糖，而不是因為愛吃糖而導致注意力不足過動症。

認為醣類攝取是注意力不足過動症的結果，並不是空穴來風，因為腦造影的研究確實發現注意力不足過動症的孩子，在處理獎賞的神經迴路上是比較不同的，他們比較難有得到獎賞的感覺，也因此會需要更強烈的刺激（例如吃更多糖果），才能有同樣獲得獎賞的感受。

也有另外的說法是，因為注意力不足過動症和額葉的正常運作有關係，額葉和行為控制有緊密的相關，可能也因為控制能力不足，導致會有醣類過度攝取的狀況。

而醣類攝取太少也可能是有害的，韓國有一個研究調查了孩子們的飲食和罹患注意力不足過動症之間的關聯性，他們發現如果孩子從水果中攝取的糖分太少，患病的風險反而比較高。總之，在有明確的結論之前，幫孩子維持均衡飲食是最重要的，不需要刻意排除哪些營養成分的攝取，或是額外增加攝取哪些營養成分。

如何讓孩子減少醣類攝取？

雖然研究並沒有發現醣類攝取會導致注意力不足過動症，但是吃太多糖對孩子還是不好的，容易導致蛀牙、肥胖等問題。國內的調查都顯示，現在孩子攝取的糖分，都是過量的；英國的調查報告也顯示，孩子平均攝取了比所需更多一倍的糖分。

幫助孩子養成良好的飲食習慣

在台灣，雖然禁止學校販售含糖飲料，但並沒有積極的做法。英國的國民醫療保健服務（National Health Service）就推出網站Change4Life（https://www.nhs.uk/change4life）方便爸爸媽媽幫助孩子養成良好的飲食習慣，其中有個區塊就是教爸媽怎麼取代孩子醣類的攝取。像是可以把孩子愛喝的奶昔，換成自己用牛奶加水果打出來的果昔，就能降低一半的糖分攝取。

這個網站也提供認證，糖分較少的食物都會獲得一個標章，消費者在選購的時候，可以根據這個產品是否有標章，來決定是否適合買給孩子使用。

爸爸媽媽要帶頭以身作則

還有最重要的就是以身作則，爸爸媽媽平常飲食就有控制醣類攝取，孩子也會有樣學樣。最後我要分享一個很棒的做法，就是「帶著孩子做減糖點心」，你可以把一般的食譜糖分減量，或是直接找減糖食譜。只要是孩子有參與製作，他們都會很願意去吃，所以與其買很多高糖分、高熱量又充滿添加物的點心，還不如自己在家帶孩子做甜點。

像我就很喜歡跟孩子一起做甜點，雖然會把家裡弄得很亂，但看到老大和老二做甜點時的笑容，看到成品的滿足感，以及可以吃進去健康的食物，就覺得實在是太值得了。

心理學家爸爸的教養便利帖

孩子都是跟著爸爸媽媽吃，所以做家長的要以身作則，趁週末假日帶孩子一起做減糖點心，孩子自然就會減少吃糖，也達到控制醣類攝取的目的。

〔後記一〕

給爸爸媽媽們的一些提醒

黃揚名

雖然是寫給爸爸媽媽看的育兒書，但我相信不少爸爸媽媽看了，會驚覺原來自己的某些行為，就是注意力不足的展現。在最後，我想給已為人父母的成年人一些提醒！

現在幾乎每個人都有做不完的事情，不過每個人的一天都是二十四個小時，如果你能夠善用時間，有更多的產出，你可能就比別人多一些成功的機會。而要讓自己有更多的產出，你就需要有好的注意力展現。

不過有好的注意力運作，並不表示就一定需要長時間做一件事情，因為關鍵不是投入的時間，而是你投入的精力。有些人上班早出晚歸，但都是在辦公桌上磨蹭，看起來很像有在做些什麼，其實都在做一些沒有生產力的事情。之前我看過一個印度廣告，大意就是有一個員工要回家了，同事質疑他為什麼這麼早走，他就說：「雖然我現在就走了，但我這一天都沒有打混，不像你在聊天、喝茶，雖然坐在辦公室一整天，做的事情恐怕還沒有我多。」那個同事也就語塞了。

在華人的工作環境下，我們通常把老闆的地位擺在很重要的位置，也因此老闆沒有回家，通常員工也不太敢回家。不過歐美國家就不一樣了，工作只是生活的一部分，他們會認為我每天拿的薪水，就是讓我做多少的事情，所以時間到了，即使該做的事情沒有做完，也就拍拍屁股回家了。這樣的邏輯，其實我覺得沒有不對，因為很多人加班也沒有在做事，有些是在等加班費。況且，多數的工作型態，本來就不可能今日事今日畢，太多的案子是需要長時間投入的，所以擱著隔天再做，影響並沒有想像中的大。

你或許會覺得，反正我在公司加班，也是在做事情，有什麼關係。當然有關係，你自己想想，超過正常時間加班的時候，你的工作效率好不好？我不知道大家是怎麼樣，如果我是在不該工作的時間工作，效率通常很差。

這道理很簡單，因為你的大腦已經習慣在哪些時間要認真工作，哪些時間不是要工作的。就算你已經習慣性的加班，只要不是全公司的人都在加班，情境的改變，也會讓你無法那麼高效的工作。所以，如果你想得到最高效的成果，就不要無意義的加班了！

換個地方，工作效率可能都會比較好。

像我有的時候，就會故意換一個地方工作，感覺補充了一些活力，又能夠繼續工作好一段時間。而且，在不同的地方工作，也能對自己的大腦帶來不同的刺激，可以激發在辦公室沒辦法得到的想法。

我另外要告訴大家，就算你是很專注的投入在你該做的事情上，如果你的注意力放錯地方，也是徒勞無功。我們的注意力就像燈塔一樣，只有能夠掃描到的地方，而且要在對的時間掃描到，才能夠注意到真正該注意的東西。很多人做事情都喜歡埋頭苦幹，只顧著趕緊完成老闆交代的事情，但沒有思考要怎麼做，才是比較好的做法。這樣就很像一座胡亂掃描的燈塔，只顧著盡可能掃描所有的範圍，希望能夠看到在海上的船隻。如果你用對的方法，先嘗試鎖定船隻可能座落的位置，掃描的時候你能夠限縮範圍，其實就會比較快找到在海上的船隻。

注意對的事物，真的很重要。就有一個研究，先記錄了大學教授讀教科書的時候，眼球移動的軌跡，接著讓一半的大學生用同樣軌跡閱讀，另一半的大學生用自己的方式來閱讀。結果，那些用教授的軌跡閱讀的，對於教科書有比較好的理解。因此，不是看很多就一定好，要看到對的東西，才是真正的好。

所以，注意力很重要，但是好的專注力不一定是長時間做某件事情，也不是注意在所有的事物上。這兩點，是爸爸媽媽在幫孩子提升注意力時，要提醒自己的部分。

在書中，我提到很多大大小小的做法，如果要化約為幾個要點，我會認為下面幾個是很重要的：

第一、減少需要專注的事物

人能夠專注的項目是有限的，你的時間、精力也是有限的，所以最好的做法就是減少你需要專注的事物，適時的做認知卸載。

不過，這並不代表你能夠觸及的項目一定要變少。你可以善用人工智能、科技輔助來幫助你。像我常常會用手機做筆記，把靈感記下來，然後我就可以把空下來的資源拿去做別的事情，也能夠更專注。那些靈感也沒有因此消失，因為已經被保存下來，之後需要時再拿出來就可以了。

很多時候，孩子之所以看起來會有注意力的問題，都是源自於訊息量太大了，而且如果時間排得很滿，他們的大腦也沒有時間吸收和休息，進而影響注意力的運作。

另外，若有可能，也要練習針對任務做篩選，一些自己不擅長的事情，就要想辦法分給別人去做。每個人若都能做自己擅長的事情，就能夠都很高效，是更好的。我現在已經很擅長用這樣的做法，把自己的任務分發下去，同時我也會承攬一些別人的任務，特別是我擅長的那種，當作互惠。你也可以和同事交流，試試看這樣的做法，相信你不會後悔的。

第二、建立良好的習慣

人難免都會走神，如果你可以幫自己打造容易專注的環境，不管是軟體或是硬體，對於注意力的提升都有幫助。

像是我習慣一邊工作，一邊聽音樂，我知道音樂本身是會讓人分心的，但是音樂也會讓人的心情變好，搭配合適的音樂，甚至對於創造力、工作效率是有幫助的。我個人的經驗是，聽熟悉的音樂利大於弊，所以我若要專注時，一定不會聽新歌，而是聽那些比較熟悉的音樂。瑪丹娜（Madonna）十幾年前的「光芒萬丈」（Ray of Light）專輯就是我的專注音樂之一，你或許會很訝異，但我每次聽這張專輯，工作效率都非常好。

幫自己的時間做切割也是必要的做法，如果你是一次可以專心三十分鐘的人，那麼就把工作時間分成好幾個三十分鐘，過程中搭配一些休息的時段，反而能夠專心更長一段時間。

如果你在做事情的過程中，很容易餓，也可以準備一些小零食，讓自己餓的時候，不用花太多力氣去找食物，馬上就能解決這個問題。總之，要考慮自己的身心狀態，盡可能讓自己的身心都能夠被照顧到，那麼你才有可能專注。

這些策略，不僅你自己可以用，你也應該用在孩子身上。最後，世界會變動得越來越快，信息量只會增加，不會減少，練習專心在少數重要的事情上，絕對能讓你有最好的發揮！

〔後記二〕

育兒的路上，每個父母都是實驗者

黃教授的老婆大人 陳美伶

揚名是一個很愛孩子的人，對孩子是非常的疼愛，很多親朋好友都說，才生兒子就疼成這樣，生女兒還得了。他不僅愛孩子，也很懂得怎麼照顧孩子，因為他的工作時間比較有彈性，所以兩個孩子小的時候，都是由他帶去打預防針。在醫院裡，婆婆媽媽總是對於他從容的幫孩子換尿布，感到非常讚歎。

在家中，我們都盡量讓孩子可以自由發展，但我們也不是完全的佛系，而是用多觀察取代安排，多引導取代強迫。

我很幸運能夠有個育兒理念接近的伴，或許這和我們都受過心理學的訓練有關係，我們知道孩子的行為，絕對不能只從表面去做評判，而是需要抽絲剝繭，才能弄清楚孩子為什麼會有那樣的行為舉止。理解之後，我們會討論該用什麼樣的方式，來協助孩子可以有更好的表現。

我們不敢說自己的孩子在各方面表現都很卓越，但我們有信心，我們已經盡可能讓孩子發揮自己最大的潛能。這是我們有共識的教養方式，揚名在這本書中的理念也是如此，鼓勵爸爸媽媽根據孩子的狀態，想辦法讓孩子能夠成為更好的自己。

因為我蠻低調的，所以除非是很要好的朋友，否則沒什麼人知道揚名在育兒這方面的專業，他們頂多覺得他是一個愛孩子的爸爸。這次大概是不能再藏了，就把他平時的育兒秘訣，特別是跟注意力有關的這方面，攤在陽光下跟大家分享吧！

面對注意力這件事情，我們兩個剛好是兩個極端，他是可以很專注，也能夠快速轉換注意力的人，但有時候就是會很節能，不是他認定重要的事情，他就不會太用心處理，這也就是為什麼他會不小心吞了一個樂高積木。我則是什麼事情都很仔細處理，連不重要的細節，也都會忍不住要仔細端詳。我還有一個致命傷，就是專注在一件事情上就很難轉移自己的注意力。我們家兩個孩子的注意力運作，正好一個像我，一個像他，觀察孩子們的日常，我們常常是又好氣又好笑，因為又看到自己的影子在孩子身上。

要改變自己很難，但要改變孩子比較容易，因為孩子還有很高的可塑性，只要善用心理學的機制，注意力就不會是親子關係裡的炸彈，反倒能成為育兒生活中的小樂趣。我們很喜歡在孩子身上做小實驗，看看怎麼樣改掉孩子的壞習慣。一旦成功了，我們還會彼此調侃說：「那個爸爸，你要不要也試一下，你兒子都改掉視而不見的陋習了，你也來做個訓練吧！」

最後，我要自賣自誇一下，在這本書裡揚名盡量將正確的心理學科學機制，用較容易理解的方式傳達出來，並且將心理學知識與養育孩子的狀況題做出結合，提出回應。這裡面的策略與小技巧，我不敢打包票絕對有效，但至少它是來自生活裡，我們的一些小嘗試。

育兒的路上，我相信每個父母都是實驗者，因為沒有一個個體是相同的，每個生命都是獨特的存在，而注意力是可以引導的，我相信打開這本書的父母，一定都是跟我們一樣努力當個盡責的引導者，去引發孩子生命裡的天賦與潛力。希望這本書能夠對於改善你家孩子的注意力問題有幫助，就像這些策略曾經幫助了我們的孩子面對自身的注意力狀況一樣。

〔參考文獻〕

American Psychiatric Association. (2013). *Diagnostic and statistical manual of mental disorders (DSM-5®).* American Psychiatric Publishing

Center for Disease Control and Prevention. (2018) Data and statistics about ADHD. Retrieved from https://www.cdc.gov/ncbddd/adhd/data.html

Corkum, P., Tannock, R., & Moldofsky, H. (1998). Sleep disturbances in children with attention-deficit/hyperactivity disorder. *Journal of the American Academy of Child & Adolescent Psychiatry, 37*(6), 637-646.

Del-Ponte, B., Anselmi, L., Assunção, M. C. F., Tovo-Rodrigues, L., Munhoz, T. N., Matijasevich, A., ... & Santos, I. S. (2019). Sugar consumption and attention-deficit/hyperactivity disorder (ADHD): A birth cohort study. *Journal of Affective Disorders, 243*, 290-296.

Ernest-Jones, M., Nettle, D., & Bateson, M. (2011). Effects of eye images on everyday cooperative behavior: a field experiment. *Evolution and Human Behavior, 32*(3), 172-178.

Gaub, M., & Carlson, C. L. (1997). Gender differences in ADHD: a meta-analysis and critical review. *Journal of the American Academy of Child & Adolescent Psychiatry, 36*(8), 1036-1045.

Lim, J., & Dinges, D. F. (2008). Sleep deprivation and vigilant attention. *Annals of the New York Academy of Sciences, 1129*(1), 305-322.

Loftus, E. F., Loftus, G. R., & Messo, J. (1987). Some facts about "weapon focus". *Law and Human Behavior, 11*(1), 55-62.

Mischel, W. (2014). *The marshmallow test: understanding self-control and how to master it.* Random House.

National Center for Statistics and Analysis. Distracted Driving: 2015, in *Traffic Safety Research Notes. DOT HS 812 381.*

Petersen, S. E., & Posner, M. I. (2012). The attention system of the human brain: 20 years after. *Annual review of neuroscience, 35*, 73-89.

Polanczyk, G. V., Willcutt, E. G., Salum, G. A., Kieling, C., & Rohde, L. A. (2014). ADHD prevalence estimates across three decades: an updated systematic review and meta-regression analysis. *International journal of epidemiology, 43*(2), 434-442.

Posner, M. I., Rothbart, M. K., Sheese, B. E., & Voelker, P. (2014). Developing attention: behavioral and brain mechanisms. *Advances in Neuroscience,* ID 405094

Pelsser, L. M., Frankena, K., Toorman, J., & Pereira, R. R. (2017). Diet and ADHD, reviewing the evidence: A systematic review of meta-analyses of double-blind placebo-controlled trials evaluating the efficacy of diet interventions on the behavior of children with ADHD. *PloS one, 12*(1), e0169277.

Ratey, J. J. (2008). *Spark: The revolutionary new science of exercise and the brain.* Little, Brown.

Sayal, K., Washbrook, E., & Propper, C. (2015). Childhood behavior problems and academic outcomes in adolescence: longitudinal population-based study. *Journal of the American Academy of Child & Adolescent Psychiatry, 54*(5), 360-368.

Simons, D. J., & Levin, D. T. (1998). Failure to detect changes to people during a real-world interaction. *Psychonomic Bulletin & Review, 5*(4), 644-649.

Tang, Y. Y., Hölzel, B. K., & Posner, M. I. (2015). The neuroscience of mindfulness meditation. *Nature Reviews Neuroscience, 16*(4), 213-225

Tombu, M., & Jolicœur, P. (2003). A central capacity sharing model of dual-task performance. *Journal of Experimental Psychology: Human Perception and Performance, 29*(1), 3-18

Törnros, J., & Bolling, A. (2006). Mobile phone use–effects of conversation on mental workload and driving speed in rural and urban environments. *Transportation Research Part F: Traffic Psychology and Behaviour, 9*(4), 298-306.

ATTENTION-DEFICIT, S. O. (2011). ADHD: clinical practice guideline for the diagnosis, evaluation, and treatment of attention-deficit/hyperactivity disorder in children and adolescents. Pediatrics, peds-2011.

Treisman A. (2006). How the deployment of attention determines what we see. *Visual cognition, 14*(4-8), 411-443.

MacLeod, C., Mathews, A. M., & Tata, P. (1986). Attentional bias in emotional disorders. *Journal of Abnormal Psychology,* 95, 15-20.

Wang, J., Yang, N., Liao, W., Zhang, H., Yan, C. G., Zang, Y. F., & Zuo, X. N. (2015). Dorsal anterior cingulate cortex in typically developing children: Laterality analysis. *Developmental cognitive neuroscience, 15,* 117-129.

Wender, E. H., & Solanto, M. V. (1991). Effects of sugar on aggressive and inattentive behavior in children with attention deficit disorder with hyperactivity and normal children. *Pediatrics, 88*(5), 960-966.

Wolraich, M. L., Wilson, D. B., & White, J. W. (1995). The effect of sugar on behavior or cognition in children: a meta-analysis. *Jama, 274*(20), 1617-1621.

國家圖書館出版品預行編目資料

心理學家爸爸親身實證的注意力教養法：揭秘兒童大腦發展規律，用腦科學遊戲讓孩子學習有效率，養成好品格和生活好習慣 / 黃揚名著. -- 臺北市：商周出版：家庭傳媒城邦分公司發行, 2019. 03
面； 公分. -- (商周教育館；26)
ISBN 978-986-477-642-9(平裝)

1.親職教育 2.注意力

528.2　　108003482

商周教育館 26

心理學家爸爸親身實證的注意力教養法
——揭秘兒童大腦發展規律，用腦科學遊戲讓孩子學習有效率，養成好品格和生活好習慣

作　　者／黃揚名
企畫選書／黃靖卉
責任編輯／林淑華

版　　權／翁靜如、林心紅、邱珮芸
行銷業務／張媖茜、黃崇華
總 編 輯／黃靖卉
總 經 理／彭之琬
發 行 人／何飛鵬
法律顧問／台英國際商務法律事務所羅明通律師
出　　版／商周出版
台北市 104 民生東路二段 141 號 9 樓
電話：(02) 25007008　傳真：(02)25007759
E-mail：bwp.service@cite.com.tw
發　　行／英屬蓋曼群島商家庭傳媒股份有限公司城邦分公司
台北市中山區民生東路二段 141 號 2 樓
書虫客服服務專線：02-25007718；25007719
服務時間：週一至週五上午 09:30-12:00；下午 13:30-17:00
24 小時傳真專線：02-25001990；25001991
劃撥帳號：19863813；戶名：書虫股份有限公司
讀者服務信箱：service@readingclub.com.tw
城邦讀書花園 www.cite.com.tw
香港發行所／城邦（香港）出版集團
香港灣仔駱克道 193 號東超商業中心 1 樓 _ E-mail : hkcite@biznetvigator.com
電話：(852) 25086231　傳真：(852) 25789337
馬新發行所／城邦（馬新）出版集團【Cite (M) Sdn Bhd】
41, Jalan Radin Anum, Bandar Baru Sri Petaling, 57000 Kuala Lumpur, Malaysia.
電話：(603) 90578822　傳真：(603) 90576622

封面設計／行者創意
排版設計／林曉涵
插　　畫／蟲蟲
印　　刷／中原造像股份有限公司
經 銷 商／聯合發行股份有限公司
新北市 231 新店區寶橋路 235 巷 6 弄 6 號 2 樓　電話：(02) 2917-8022　傳真：(02)2911-0053

■ 2019 年 3 月 28 日　　Printed in Taiwan
定價 380 元

城邦讀書花園
www.cite.com.tw
 ISBN 978-986-477-642-9